U0950922

供应链协调与创新管理研究

谷玉红　主编

北京工业大学出版社

图书在版编目（CIP）数据

供应链协调与创新管理研究 / 谷玉红主编. — 北京：北京工业大学出版社，2018.12（2021.5 重印）
ISBN 978-7-5639-6654-7

Ⅰ. ①供… Ⅱ. ①谷… Ⅲ. ①供应链管理—研究 Ⅳ. ①F252.1

中国版本图书馆 CIP 数据核字（2019）第 022899 号

供应链协调与创新管理研究

主　　编：谷玉红
责任编辑：李俊焕
封面设计：点墨轩阁
出版发行：北京工业大学出版社
（北京市朝阳区平乐园 100 号　邮编：100124）
010-67391722（传真）　bgdcbs@sina.com
经销单位：全国各地新华书店
承印单位：三河市明华印务有限公司
开　　本：787 毫米 ×1092 毫米　1/16
印　　张：11.25
字　　数：225 千字
版　　次：2018 年 12 月第 1 版
印　　次：2021 年 5 月第 2 次印刷
标准书号：ISBN 978-7-5639-6654-7
定　　价：48.00 元

前　言

供应链管理理论的诞生和不断发展，不仅引起了人们的广泛关注，更为全球范围内的企业从“纵向一体化”向“横向一体化”转变提供了强大的思想武器。在供应链管理的思想指导下，国际上一些著名的企业如戴尔、飒拉、惠普和苹果等公司在增强自身核心竞争力的基础上，充分利用外部资源，构建供应链合作伙伴关系，取得了良好的效益，也使人们更加坚信供应链管理是企业在21世纪适应全球竞争的一个有效法宝。但与之形成鲜明对比的是许多企业仍然面临物流成本高、库存水平高、响应速度低、客户服务水平低的“两高两低”问题。因此，探索解决供应链管理问题的著作和论文大量涌现。供应链管理的优化与协调带给我们的不仅仅是一种新的管理工具，更重要的是更新管理理念、提高认识的机遇，使我们有了借此重新规划、设计和优化业务流程的途径。在供应链代替企业参与市场竞争的环境中，企业更加追求高效率、高效益和低成本的全新业务模式和管理方式，并积极培育一个开放、竞争、高效的市场空间和一个具有良好运营机制的生存环境。

笔者在编写本书过程中注重理论与实践的紧密结合，系统性地介绍了供应链管理在优化和协调领域的主要内容和方法，在每一章都设置了相关专业模块；摘选了世界各国和国内许多成功企业供应链管理优化和协调的经典案例，以案例分析帮助读者进一步理解和消化供应链管理思想和策略的真实内涵。

本书系广西中青年教师基础能力提升项目“共享经济下广西生鲜食品同城配送的众包模式研究”（桂教科研 [2019]1 号，项目编号：2019KY1200）、基于岗位职业素质的物流金融管理专业课程改革与实践——以广西职业技术学院为例（桂教职成 [2017]37 号，项目编号：GXHZJG2017B16）和“基于PBL教学法的‘翻转课堂’教学模式在配送实务课程教学中的应用研究”（桂教职成 [2017]37 号，项目编号：GXHZJG2017A11）的阶段性研究成果。

本书共七章约20万字，由广西职业技术学院讲师谷玉红编写。笔者在编写本书过程中，参考了大量的国内外专家学者的相关文献、著作等资料，从中获益匪浅，在此对相关专家学者表示深深的感谢。由于笔者的水平有限，加之成书时间较紧，虽然尽了最大努力，但书中仍难免有不足和疏漏之处，恳请广大读者批评指正。

谷玉红

2018 年 10 月

目 录

第一章　供应链管理概述

第一节　供应链概述

一、供应链的定义

（一）从过程的观点看供应链

企业从原材料和零部件采购、运输、加工制造、分销，直至最终将产品和服务送到顾客手中的这一过程，被看成是一个环环相扣的链条，也就是供应链。供应链的概念是从扩大生产的概念发展而来的，它将企业的生产活动进行了前伸和后延。日本丰田公司的精益协作方式中就将供应商的活动视为生产活动的有机组成部分而加以控制和协调，这就是向前延伸；后延是指将生产活动延伸至产品的销售和服务阶段。所以，供应链就是通过计划、获得、存储、分销、服务等一些活动在顾客和供应商之间形成的一种衔接，从而使企业能满足内外部顾客的需求。

供应链是企业生产和分销产品与服务到最终用户的过程，它包括一些具体的元素，例如生产计划、原料采购、运输管理、仓库管理和需求管理等，这些功能紧密地集成在一起，使得企业能够高效、及时、经济地把产品和服务送到最终消费者手中。除了企业内部的功能以外，供应链也涵盖了企业外部的一些活动，包括与原材料供应商、制造中心、经销商和运输商的合作。所以，供应链可以定义成为客户创造产品的过程，它涵盖了从原材料、制造、分销、运输、仓储到产品销售的全过程，涉及众多独立的企业和客户，如制造商、供应商、运输商、批发商和零售商等。

供应链是跨越企业的多个职能部门活动的集合，它包括从订单的发送和获取、原材料的获得、产品的制造，到产品分配发放给用户的整个过程。较早提出供应链的是美国国防部的“CALS 计划”，随着“CALS 计划”自身的发展和演变，供应链的问题受到越来越多的重视，但更多的还是从传统的供求关系信息化的角度来考虑问题的。“CALS计划”提出和制定了一系列的标准，规范供求双方的各种商务活动，包括电子数据交换、标准通用置标语言等。

供应链是为消费者创造价值的整个过程，供应链的跨度从原料采购、产品生产、分销、运输、仓储到最终销售。随着资源、操作、功能的扩大和增加，供应链管理将变得非常复杂，一条完整的供应链可以存在于一个简单的企业中，也可以存在于大中型、复合型企业中。

供应链是用过程观对企业活动进行的一种描述，也就是企业从最初获取原材料到转换成最终产品直至交付给最终用户的整个生产和销售过程，由若干“供”→“需”环节作为有序链接。供应链包括了在企业内外制造产品和提供用户服务的增值链中的全部功能，因此，供应链涉及两个以上通过物流、信息流和资金流关联在一起的在法律上独立的组织。目前的企业大都是多产品的，所以供应链实际上是以企业自身为核心的全部增值过程（或活动）的网络。

供应链涵盖了从供应商的供应商到客户的客户之间有关最终产品或服务的形成、交付的一切业务活动。供应链不仅包括制造商和零件或原材料供应商，也包括批发或分销商、零售商和客户本身。在一个组织内部，供应链涵盖了实现客户需求的所有职能，包括新产品开发、采购、生产、分销、财务和客户服务等。供应链也是动态的，信息、产品和资金可以在供应链的各企业之间流动，供应链的每个环节可以执行不同的流程，并可以与供应链的其他企业相互作用。美国供应链协会认为，供应链囊括了涉及生产与交付最终产品和服务的一切努力，包括从供应商的供应商到客户的客户。

（二）从系统的观点看供应链

从系统的观点来看，供应链是指产品生产和流通过程中所涉及的原材料供应商、生产商、批发商、零售商以及最终消费者组成的供需网络，由物料获取、物料加工并将成品送到用户手中这一过程所涉及的企业及其部门所组成的一个网络。供应链是包括供应商、制造商、销售商在内涉及物流、资金流和信息流的企业网络系统。供应链是社会化大生产的产物，是重要的流通组织形式和市场营销方式，它以市场组织化程度高、规模化经营的优势，有机地联结生产和消费，对生产和流通有着直接的导向作用。

在供应链网络系统上流动着物流、资金流和信息流，这些系统的构成包括一些子公司、制造商、仓库、外部供应商、运输公司、配送中心、零售商和用户。一个完整的供应链始于原材料的供应商，止于最终用户，其中物流向一方流动而资金流则向相反方向流动，退货和赊购是例外的情况；信息的流动在供应链上是双向的，需求信息流自下而上流动，而供应信息流则自上而下流动；订单是从用户向供应商移动，而订单收到通知、货运通知和发票则是向相反的方向流动。

供应链存在于制造业、服务业甚至家庭之中，是由原材料供应商、制造商、分销商、零售商、顾客等组成的链状结构网络。有学者给供应链下的定义为：供应链是一个由独立或半独立经济实体所形成的网络体系，这个体系通过经济实体的企业行为，对一个或多个产品相关的原料采购、生产制造和产品销售发生作用。比灵顿等人也有类似的定义：供应链是一个企业获取原料、生产半成品或最终产品，并通过销售渠道把产品送到消费者手中的网络工具。哈里森等人给供应链下的定义为：供应链是一种物流分布选择的网络工具，发挥着获取原料、把原料转化成中间产品或最终产品并把产品分销给消费者的功能。

所以，供应链是围绕核心企业，通过对信息流、物流、资金流的控制，从采购原材料开始，制成中间产品以及最终产品，最后由销售网络把产品送到消费者手中，由供应商、制造商、分销商、零售商以及最终用户连成一个整体的功能网链结构模式。

供应链是 20 世纪 90 年代以来国际上出现的一种新的企业组织形态和运营方式，从客户（或消费者）的需求开始，经过产品设计、原材料供应、生产、批发、零售等环节，到最后把产品送到最终用户手中的各项制造和商业活动所形成的网链结构。相对于通过扩大生产规模、降低成本来增加效益的做法，供应链提供的是一种新的思考方法和发展途径，它使企业可以通过改善经营理念、再造业务流程、理顺与上下游企业的合作关系来提升效益、增强竞争力。

供应链与市场学中销售渠道的概念有联系也有区别。供应链包括产品到达顾客手中之前所有参与供应、生产、分配和销售的企业，因此其定义涵盖了销售渠道的概念，并且产品的流动、技术手段、信息交换、存货周期、市场速度、成本效率、运输和配送都包含在供应链之中。

二、供应链的分类

从供应链所涉及的范围，供应链分为内部供应链和外部供应链。内部供应链是指企业内部产品生产和流通过程中，所涉及的采购部门、生产部门、仓储部门、销售部门等组成的供需网络。外部供应链是指企业外部与企业相关的产品生产和流通过程中所涉及的原材料供应商、生产厂商、储运商、零售商以及最终消费者组成的供需网络。内部供应链和外部供应链共同组成了企业产品从原材料到成品再到消费者的供应链。可以说，内部供应链是外部供应链的缩小化。对于制造厂商来说，其采购部门就可以看作是外部供应链中的供应商，两者的区别在于外部供应链的范围大，涉及企业众多，企业间的协调更困难。

按照供应链的不同形态可以分为以下几种。

（一）间断和重复制造供应链

间断制造是诸如机车、电脑等通过间断零件组装的产品制造方式。间断制造供应链适合着重在工程规格确定后再生产的产品，如工程设备、重型营建设备、石油机具，它位于连续带上的一端。重复制造的产品，如电话、电脑、衣服等，则长期位于连续带的另一端。

（二）流程制造供应链

流程制造是指诸如化学或食品等通过要素合成的产品制造方式。资产密集是区别流程产业和其他产业的主要特征，流程制造企业规模大且造价昂贵。由于大部分流程的连续性性质，因此流程制造企业的产品转换要比间断制造企业复杂而且次数少。

（三）服务链

相对于供应链这个名词适用于制造业，服务链则适用于专业性服务、保险及金融等产业。服务业是一种差异甚大的商业形态，它横跨许多相同广度的垂直市场区隔。服务业在销售、管理和运送上有一套整合性流程和从属关系，通常将之称为服务链。

由于不涉及产品的实体移动，服务链的重点在信息价值的传递上。企业的一切活动都是为了满足消费者的需求，满足消费者需求的过程就是提供服务的过程，因此服务链是将提供服务的各个方面有机地组织起来的服务网络。服务链管理的重点包括：服务产品化、管理配销通路，以确保企业的服务品质。

复杂的商业流程，在全球市场的运营和服务，对技术创新的普遍需求，以及全球金融和市场规则的复杂性，要求企业拥有或能够利用各种各样的资源和技能。因此，企业越来越多地转向能够更好、更快、更便宜地提供这类服务的外部供应商，这些外部资源的集合就构成了企业的服务链。延伸的企业模式把一个企业可利用的资源和技能库扩展到包括支持伙伴在内的服务链。企业的竞争力不再被局限于它自己内部的资源、人力资本和能力范畴，因为可供整合的资源和技能库已经变得无限大。企业服务的范围从个别的合同承包和聘用临时工到雇佣服务（比如法律、公共关系）、项目服务（比如应用软件整合、工程），甚至是流程外包服务（比如合同制造、呼叫和数据中心）等。

（四）价值链

供应链的原始定义注重交易伙伴间的产品信息流。随着供应链和需求链的密切联系，需求链的焦点在于和企业的顾客、渠道、市场和其他外部因素相关的活动（如计划、执行、控制），而供应链则是重视符合需求（基于企业及供应商产能的组合）的相关活动，将供应链和需求链融合在一起构成了价值链，即从原材料到最终产品的一系列的附加价值，形成一个链式价值附加传递的过程，是连接供应链中的所有组织而形成的网络。

三、供应链的相关业务

（一）配送业

配送中心在整个供应链中起着极重要的作用，配送中心不但负责储存、分拣和理货、配货和分放、倒装和分装、装卸搬运、加工、送货等，还负责整个供应链的情报工作。配送中心在干线物流与末端物流间起衔接作用，这种衔接不但靠实物的配送，也靠情报信息的衔接，配送中心的情报活动也是整个供应链中重要的一环。

（二）连锁业

连锁经营是把若干商店联合起来进行统一经营，实行统一进货、统一运输、统一储存、统一形象。我国自 1997 年成立中国连锁经营协会以来，现已拥有 1000 余家企业会员。连锁经营的发展已拥有比传统零售业更活跃的生机。

（三）零售业

随着 IT 行业的发展，以及市场全球化和客户需求多变的趋势，传统的零售业已被新型的零售业逐渐替代，零售业从价格到市场策略、从客户关系到产品利润等环节都发生了变革。商家逐渐意识到，要做到从容不迫，就要依靠新技术。目前，货物售点系统已被零售业广泛地使用，电子付款方式也处于积极的尝试之中。

（四）仓储、运输业

仓储业和运输业是供应链管理中不可缺少的基础条件。对于仓储业而言，随着各种仓储技术和计算机等高科技产业的发展，仓储业也有了极大的发展。运载工具、通信网络及运输网络的改善使运输业向着集约化方向发展，运输业对现代经济的贡献是降低了不同经济主体之间的交易成本。自 20 世纪 90

年代以来，我国的仓储、运输业有了极大的发展。

四、供应链的发展趋势

（一）全球网络供应链

互联网、交互式Web应用以及电子商务的出现，将彻底改变传统的商业方式，也将改变现有供应链的结构。传统意义的经销商将消失，其功能将被全球网络电子商务所取代，传统多层的供应链将转变为基于互联网的开放式的全球网络供应链。在网络上的企业都具有双重身份，既是客户又是供应商，企业不仅要上网交易，更重要的是它构成了供应链的一个元素。在这种新的商业环境下，所有的企业都将面临更为严峻的挑战，它们必须在提高客户服务水平的同时努力降低运营成本，必须在提高市场反应速度的同时给客户以更多的选择。同时，互联网和电子商务也将使供应商与客户的关系发生重大的改变，他们之间的关系将不再仅仅局限于产品的销售，更多的将是以服务的方式满足客户的需求来替代将产品卖给客户。越来越多的客户不仅以购买产品的方式来实现其需求，而且更看重未来应用的规划、实施以及系统的运行维护等，本质上讲他们需要的是某种效用或能力，而不是产品本身，这将极大地改变供应商与客户的关系。在全球网络供应链中，企业的形态和边界将产生根本性的改变，整个供应链的协同运作将取代传统的订单，供应商与客户间信息交流层次的沟通与协调将是一种交互式、透明的协同工作。一些新型的、有益于供应链运作的代理服务商将替代传统的经销商，并形成新兴业务，如交易代理、信息检索服务等，将会有更多的商业机会等待着人们去发现。这种全球网络供应链将广泛和彻底地影响并改变所有企业的经营运作方式。

（二）协同供应链

协同供应链是集成电子商务、供应链、顾客关系管理、供应商关系管理等，与组织变革、信息共享以及促进竞争下共同合作有关。协同供应链促使大型企业从供应链管理到企业资源规划系统以及信息外部化，达成与交易伙伴间的协同运作，因而变得反应快捷；也使小型供应商组合商品和服务，以便与大型供应商竞争。

供应链的内涵包括物流、信息流、资金流等，最重要的就是链上的信息协同。从新产品的开发企业就开始与合作伙伴进行沟通；物料的采购与供应商协同；企业内部的经营业务决策分析是在上游和下游信息充分掌握的基础上，根据销售情况和物料供应情况进行协同决策；销售是与市场、销售队伍、渠道批发商以及客户服务和终端的协同工作。

（三）需求链

供应链包含“供”与“需”两方面，所以可以理解为供需链。物流从供方开始，沿着各个环节向需方移动。每一环节都存在“需方”与“供方”的对应关系，形成一条首尾相连的供需长链。链上除物料的流动外还有信息的流动，其中需求信息同物料流动方向相反，从需方向供方流动。由需求信息引发的供给信息，同物料一起沿着供应链从供方向需方流动。尽管供应链上的所有环节都应高效率运转，使产品以可预见的方式最快捷地传送到最终消费者手中，但必须保证整条供应链的所有环节向同一目标运转。各种物料从采购到制造再到分销，是一个不断增加其市场价值或附加值的增值过程，各环节的价值增值也不尽相同，而一个环节最关键的是取决于它能带来多大的增值价值。另一方面，供应链的内部可描述为供—产—销过程中相关实体和活动构成的动态网络，它不仅包含物流和信息流，还体现了资金流的变化。不同行业供应链在结构和复杂性等方面有较大的差别，但基本内容是一致的，即包括供—产—销这样一个主过程。

消费者的需求将左右供应链的发展，使其彻底超越过去制造商与制造商、分销商与分销商、零售商与零售商竞争的舞台。新的竞争事实正引起供应商、制造商、批发商和零售商以同样的方式与其供应链伙伴们一起重新思考其战略举措。这种新的竞争环境是由全球范围内所有供应链成员的压力的集聚所致，这些压力中有些是源于消费者的，其中最引人注目的是新技术与信息交换能力、不断提高的顾客服务需求、对进入市场的效率与速度的新要求，以及全球市场的竞争，企业必须把关注的焦点从供应转移到消费需求上。“消费者权力”是今天供应链倡导的口号，由于消费者可以得到无数的产品和选择众多的分销渠道，他们最终将塑造供应链管理的未来，即由消费者提供一个包括推与拉的流程，也就是需求链管理。合理的分销流程、适当的物流战略及先进的信息技术可以使新产品更加有效地流经供应链。

需求链是对最终用户的关注，它包含了与之有关的制造商、分销商、零售商等所有的供应链企业。消费者行为和消费者分析决定着需求链的构成，企业对最终用户的关注正加快其从供应到需求的转移，并促使企业重新审视它们在供应链中的角色。目前，浮现出来的需求链的成员和那些传统供应链中的成员虽然一样，但是他们各自的角色和责任由于新的游戏规则而发生了变化。在需求链中，产品不一定发源于制造商，以共享的信息为基础，可以在任一点由任一供应链成员开发。无论是从事设计、制造、分销、运输，还是某种特定产品的零售，需求链的每个成员都要监控消费市场。虽然不是链上每个成员都在进行直接的消费调查，但每个成员应该得到有关消费趋势和产品方面的信息，这样使每个成员更容易对产品及包装的改进、营销机会或品牌延伸做出判断。由于供应链在与其他伙伴的竞争中，开始作为统一的实体进行活动，建立和保持供应链中伙伴间的紧密关系变得尤为重要，其所形成的需求链促使战略联盟的形成。

随着需求链管理强调向市场传递消费者的实际需求，扩展了供应链的概念，需求链的方法超越了供应链管理的物流界限。需求链寻求使消费者满意并为消费者解决问题的方法。将渠道成员联合起来可以采用以下方式：收集分析关于消费者未满足的需求等方面的信息；发现能够执行需求链所需职能的伙伴；把需要完成的职能移交给最有效益和效率的渠道成员执行；与链中其他成员分享有关消费者和客户、可利用的技术以及物流机遇和挑战等方面的信息；开发针对顾客问题的产品和服务；开发并执行最优的物流、运输和配送方法，以消费者期望的形式交付产品和服务。

（四）虚拟供应链

在网络经济时代，具有最广泛的供应链的企业就会拥有竞争优势。在垂直整合的供应链上，从供应端到客户端，资产和竞争力是由不同的实体拥有和运作的。为此，需要创造一条虚拟供应链，其跨越的范围与实际供应链相同，它要对整个链中的所有伙伴的成本结构和竞争力进行均衡，实现这个供应链的最优状态。某些供应链始于所有的主要原料和零件的供应商，延伸到所有零售商的店铺，虚拟的供应链延伸到更多的供应商和渠道伙伴。虚拟供应链和实际供应链之间的区别在于，为提高最终消费者和零售伙伴的利益而采取的协作和均衡的程度不同。通过虚拟供应链，企业提高了库存周转率和整个供应链的客户服务水平。

（五）电子化的供应链

如果说高速、低成本地与客户和供应商进行交流和协作是有效供应链管理的关键成功因素，那么完全电子化的供应链就是对未来的展望。在电子商务时代，客户的需求是无时间差别的，他们要求 24 小时获取产品、服务和支持。例如银行、消费品、化工等行业，供应链将集成那些反应迅速、更人性化、更灵活的企业。在满足需求或基于互联网的解决方案中，消费者、供应商、制造商和其他伙伴将加入这条链，不断改善链内实体间的关系，在扩展的供应链中利用分布式信息技术改善企业间的交流，帮助企业更好地共享信息和贸易关系，更重要的是能帮助产业链快速循环、减少库存，提高整个供应链的经济效益。就用户而言，电子化的供应链能增加供应计划、库存、价格和订单的透明度，可以随时访问供应商和销售商，协调供应和销售链里的计划、预测及补给，改善订单实施循环周期。为了改善周转时间和整体计划，电子商务提供了销售商接口进入供应商或制造商的安全门户，这使得供应链中多方信息交换和贸易关系维护更加有效率，能够做到及时反应。

第二节　供应链管理的概念

从不同的角度，对供应链管理有不同的定义。

一、供应链管理是对供应链中的各种“流”的管理

供应链管理是指人们在认识和掌握供应链各环节内在规律和相互联系的基础上，利用管理的计划、组织、指挥、协调、控制和激励职能，对产品生产和流通过程中各个环节所涉及的物流、信息流、资金流、价值流以及业务流进行的合理调控，以达到最佳组合，发挥最大的效益，并以最小的成本迅速为客户提供最大的附加值。供应链管理是对供应链所涉及组织的集成，以及对物流、信息流、资金流的协同，以满足用户的需求，最终提高供应链的整体竞争能力。也就是说，供应链管理就是优化和改进供应链的活动，供应链管理的对象是供应链的组织（企业）及其之间的“流”，应用的方法是集成和协同，目标是满足用户需求，最终提高供应链的整体竞争能力。

供应链管理是对供应链中的信息流、物流和资金流进行设计、规划和控制，从而增强组织的竞争实力，提高供应链中各成员的效率和效益，是确保顾客满意的一个主要环节，保证在正确的时间把正确的产品或服务送到正确的地方。供应链管理就是通过对供应链各组织之间信息流、物流和资金流的管理来获得最大供应链盈利水平。

二、供应链管理是一种战略管理

供应链管理强调核心企业与世界上最杰出的企业建立战略合作伙伴关系，委托这些企业完成一部分业务工作，而自己集中精力对各种资源进行重新设计，做好本企业创造特殊价值、必须长期控制、比竞争对手更擅长的关键性业务工作。这样，可以极大地提高企业的竞争力和经济效益。因此，供应链管理是围绕着核心企业，与供应链中其他企业共同合作并参与管理的一种模式。核心企业要把供应链作为一个不可分割的整体，打破存在于采购、生产、分销和销售之间的障碍，做到供应链的统一和协调。

三、供应链管理是对供应链的优化

供应链管理是对整个供应链系统进行计划、协调、操作、控制和优化的各种活动过程。供应链管理是通过把供应商、生产厂家、分销商、零售商等在一条链上的所有环节都联系起来进行优化，使生产资料以最快的速度通过生产、分销环节变成增值的产品，到达有消费需求的消费者手中。这不仅降低了成本，减少了社会库存，而且使社会资源得到优化配置，更重要的是通过信息网络、组织网络实现了生产及销售的有效连接，以及物流、信息流、资金流的合理流动。

四、供应链管理是现代物流管理

传统的供应链管理与“后勤学”——物资的流动是一致的。在传统意义上供应链管理就是物流，即原料的移动，但供应链管理包含的意义更为广泛，包括对物资、信息以及从原材料供应商到最终消费者的资金运动的管理。而且，供应链管理包含着更为丰富的内容，包括对物流、信息和资金的管理，其中涉及初始需求管理、原料供应商、内部制造、对内和对外的物流以及最终的客户。物资、信息和资金三个因素的协调将使得流程更为顺利，并通过提高客户的满意度来提高效率。供应链管理是通过对供应链中的物流和信息流进行设计、规划、控制和优化来满足顾客不断变化的需求的管理过程，同时保证供应链环节中的各个成员都能取得相应理想的效益。

五、供应链管理是企业资源规划的延伸

供应链管理起源于企业资源规划，企业资源规划是基于企业内部范围的管理，它将企业内部经营的所有业务单元如订单、采购、库存、计划、生产、质量、运输、市场、销售、服务等以及相应的财务活动、人事管理均纳入一条供应链内进行统筹管理。供应链管理是在企业资源规划的基础上发展起来的，它把企业的生产制造过程、库存管理系统和供应商产生的数据集中在一起，并对包括资源、采购、产品设计、生产计划、物料管理、订单处理、库存管理、运输、仓储管理和客户服务的整个业务流程进行管理，从而对生产、营销和服务的各个环节进行统一管理，涉及从原材料开始到最终用户的过程中全部与产品有关的活动。成功的供应链管理应该能够协调并无缝地连接供应链中的所有活动，使它们形成一个一体化的过程。

六、供应链管理是跨企业业务过程的再现

供应链管理拆除了企业的围墙，将各个企业独立的信息化孤岛连接在一

起，建立了一种跨企业的协作，以此来追求和分享市场机会。通过互联网、电子商务把过去分离的业务过程集成起来，供应链管理覆盖了从供应商到客户的全部过程，包括原材料供应、外协加工和组装、生产制造、销售（分销）与运输、批发、零售、仓储和客户服务等，实现了从生产领域到流通领域全业务过程的一体化。

用俄亥俄州立大学教授罗格·布莱克维尔的话来说，供应链管理就是在合适的地方，以合适的价格，在恰当的时间和恰当的条件下，取得所需的商品。供应链管理是使企业更好地采购其制造产品和提供服务所需的原材料、生产产品和提供服务，并将其递送给客户的艺术和科学的结合。

第三节　供应链管理的发展阶段

供应链管理的发展基本上可分为以下三个阶段。

第一阶段：1980—1989年，是供应链管理的萌芽阶段。史蒂文斯提出了供应链管理的概念，供应链管理是一种集成的思想，包括企业内部集成和企业外部集成。在此期间，与供应链相关的各个企业（部门）之间的合作至关重要。

第二阶段：1990—1995年，供应链管理处于初步形成阶段。这时与供应链相关的各企业（部门）之间时有利益冲突发生，这种冲突导致供应链管理的效率下降，并削弱了整个供应链的竞争力，因此，必须提高供应链的整体竞争力。在此阶段，信息流在向上传递时会发生信息曲解以及顾客不满意现象，信息不能有效地共享成为企业提高竞争力的一个重要障碍。

第三阶段：1996年以后，供应链管理处于强调建立合作伙伴关系阶段。在合作伙伴关系的前一时期提出的协调供应链，主张各合作企业之间一致"协调对外"，而合作伙伴关系则强调与尽可能少的供应商合作，对合作伙伴的选择则是分步骤的、考虑多种因素的综合评价过程，并保证合作的有效性。

随着企业组织结构和内部职能的巨大转变，供应链管理也从分散式发展到集中式。技术的进步使不断扩展的企业的所有职能部门和地域的业务信息快速地传递，使得决策者可以从企业整体利润最大化的宗旨出发制订和执行计划，当前供应链发展的趋势正向着集中计划与分散执行相结合的模式发展。

分散式——职能部门化阶段。从20世纪50年代到80年代末，企业的组织结构以一系列各自为政的职能化或者区域性的条条框框为特征。各个职能部门分别在一个相互隔离的环境下制订和执行计划，业务信息缺乏标准化、数据完整性较差、分析支持系统不足、各部门完全不同的技术系统以及缺乏推动信息共享的激励机制，使得管理层在此环境下难以进行集中供应链计划。

所以供应链计划的可视性差，信息缺乏横跨企业的标准，计划的效率低下。供应链的执行决策是由各独立业务部门的部门经理等核心管理人员制定的，很少考虑与其他部门的相互影响，是基于独立部门供应链的思考，是被动反应式的决策。

集中式——集成供应链阶段。从 20 世纪 80 年代末到 90 年代后期，高级计划与排程系统、企业资源规划系统的迅速传播和广泛使用以及与业务流程重组相结合，是这次转变的主要推动因素。在 20 世纪 80 年代末、90 年代初，随着业务流程重组的出现，企业领导人逐渐认识到，把企业的组织结构与主管人员的相关业务目标和绩效激励机制结合起来可获得更大的效益。技术的进步以及计算处理成本的降低，加快了企业范围的业务处理系统，例如企业资源规划系统的渗透，高层管理者可以轻易地得到标准化的业务信息以及完整一致的不同业务、职能部门和地理区域的评价指标。随着高级计划与排程系统的引入，供应链优化成为一项切实可行的选择，这也提高了日益集中的供应链计划流程的效率。跨职能部门团队的协作促使供应链计划流程更加一体化，各行各业的领先企业均开始认识到，如果要尽可能地提高效益，需求预测、供应链计划和生产调度应作为一个集成的业务流程来看待。因此，越来越多的跨职能部门团队以定期开会的方式相互协调，制订最佳的销售和运营计划行动方案。与供应链计划一样，供应链执行决策也逐渐朝跨职能部门的一体化方向发展，采购和制造部门能够共同进行原材料的采购决策，从而实现产品总生产成本的最小化，而不仅仅是最低的采购价格。同样，客户服务、分销和物流部门也可以通过共同进行订单的履行决策，实现客户服务成本的最小化。

集中与分散结合式——价值链网络阶段。互联网创造了一种对供应链具有深远影响的强有力手段，即协同工作。随着计划流程所需的大部分输入信息已经可以从底层迅速传递到整个企业，以及更多的数据直接来自最终用户，一体化的集中供应链计划将变得更加有效。相关人员将可以根据业务状况的最新进展来检查和调整有关信息，例如，销售人员能够掌握最新的客户信息，迅速更新需求预测，并逐渐做到支持客户直接更新。同时，购买方和销售方有关产品季节性、促销活动以及新产品发布等信息的共享，将进一步强化此趋势的发展，从而提供更高的客户服务水平和更低的供应链成本。与此同时，供应链的决策将变得日益分散化，随着供应链从供应推动模式（面向库存）发展到需求拉动模式（面向需求），成功运作供应链需要四大关键因素：实时的可视性（横跨整个供应链）、灵活性（供应和来源的选择）、响应性（针对客户需求多变缩短订交货周期）以及快速的新产品上市能力（根据市场潮流和新型设计）。

下一代的供应链系统将拥有供应链流程管理和事件管理的能力。这样的能力可以使基于事件的实时信息在企业内逐步提交到适当的人，以便进行有效的决策，将该事件对企业的影响降到最低，或者充分利用该事件所创造的机会。例如，生产调度员可以根据实时的库存信息，主动地控制（通过调整生产作业计划等方式）诸如原材料未能按时到货等意外情况所导致的不良后果。如果供应商的某主要生产设备出了故障，供应链管理系统可能会建议采取如下应对策略：向供应商确认该事件，考虑可能的替代材料，评估后备供应商，估算这将给下游价值链所造成的影响等。供应链的实时可视性以及与事件监控和管理系统的结合，将大大提高预见性，最大限度地减少计划外情形所造成的不良影响。重大决策将越来越多地由跨部门的团队制定，这个团队的选拔和组建必须保证让该团队具备适当的技能、职责和权力，也可能为了解决眼前的某个问题而组建这样的团队。对供应链效率的不断追求将越来越强调分散与集中相结合的结构和方法，即集中计划与分散执行相协调的模式，这对供应链的实时可视性提出了很高的要求，必须具备基于事件监控管理和快速反应的机制，对出现的问题能进行迅速调整和补救。因此，有效的供应链管理必将采取包括执行层、中高级管理层的多层面一体化团队的组织架构，通过实际的或虚拟的途径执行计划和决策。

供应链管理将进一步发展为集成供应链管理。彼得认为集成供应链管理是一个进行整体定位、调整和处理的过程，企业经过这个过程获取原料、进行生产、输送产品和服务顾客。集成供应链管理有一个较宽的范围，包括二级供应商（供应商的供应商）、供应商、生产厂商、中间客户、零售客户和最终消费者，集成供应链管理同样包含了物流管理、信息管理和资金管理。

第四节　供应链管理的特点

供应链管理通过利用各种现代信息技术手段，对业务流程进行改造和集成，以及与供应商和客户建立协同的业务伙伴联盟，为企业实现内部资源和外部资源的有效控制、优化调配提供了可能，从而大大提高了企业的竞争力。供应链管理克服了传统模式协调性差、处理事务静态孤立、响应市场迟钝等弱点，在实践领域中呈现出与传统模式不一样的生机。供应链管理具有以下特点。

一、供应链管理强调和依赖战略管理

传统的管理模式更多考虑的是战术层和操作层，对企业带来的增值效益

有限，而供应链管理则是从企业发展战略的高度考虑事关全局的核心问题，如实施战略的制定问题、运作方式的选择问题、信息支持系统的建立问题等。

二、供应链管理是“横向一体化”

供应链管理把所有节点企业看作一个整体，涵盖了从供应商的供应商到用户的用户的采购、制造、分销、零售等所有职能领域，通过同步协调运行使得供应链整体利益最大化。传统的模式在设计企业经营系统时只考虑到生产过程本身，没有考虑本企业生产系统以外的因素对企业竞争力的影响。

三、供应链管理是系统的集成

供应链管理的核心是采用集成的思想和方法，而不仅仅是节点企业、技术方法等资源简单的连接。这种集成包括系统运行环境的集成、技术的集成、信息的集成以及人和组织的集成。

四、企业间建成战略合作伙伴关系

在供应链管理环境下，企业间建立的是战略合作伙伴关系，强调共同努力实现共有的计划和解决共同问题，强调相互之间的信任与合作。传统模式只注重短期利益，与他人合作实属不得已。

第五节　供应链管理与传统管理方法

供应链管理与传统管理方法，如物流管理、企业资源规划、电子商务、物料需求计划、制造资源计划等，既有联系又有区别。

一、供应链管理与物流管理

物流不等于供应链。企业的供应链管理涉及上下游的管理，涵盖了采购、生产、销售、物流、信息、财务等相关的职能，而物流只是其中的一个部分。如果仅从制造企业的成本角度而言，采购、生产、销售三个环节的成本依然占据了大头，并对企业经营的成败起着举足轻重的作用，而物流则只是支持上述环节策略得以有效实施的一种手段，物流策略的制定必须基于相关环节策略的制定，其具体的作用应体现在能够保障其他关键职能运作的顺利进行，而不只是片面地追求成本的最小化。从制造企业管理的角度而言，物流依然是关键的组成部分之一。有效地对企业自身的物流系统进行具备前瞻性的战略规划，则会使企业在满足运作要求的前提下实现低成本的运作。例如，根据销售订单的频率以及规模大小，结合配送资源的特点，有效地建立区域性的配送中心体系，一些大型的全国性企业，也正是采取这方面的策略来实现提升服务水平和降低物流运作成本的目标。但是，物流只是企业供应链管理方面一个不可缺少的环节，提升企业的整体绩效水平并不能仅仅依赖物流管理的提升。

在企业运作中，物流被看成是企业与供应商和客户相联系的重要纽带。一个企业的物流，其目的在于帮助企业以最低的总成本创造客户价值。物流作业可分成三个领域：配送、制造和采购，这三个领域的结合使供应源和客户之间在特定位置和地点进行材料、半成品和成品等运输的综合管理成为可能，企业通过存货的移动（存货流）使物流过程增值。

物流管理的目标主要包括：快速反应、最小变异、最低库存、整合运输、产品质量以及生命周期支持等。快速反应关系到企业能否及时满足客户的服务需求的能力。最小变异就是尽可能控制任何会破坏物流系统意想不到的事件。最低库存的目标是减少资产负担和提高相关的周转速度，保持最低库存，即保持存货与客户服务目标相一致。运输是最重要的物流成本之一，需要对运输规划创新，把小批量的装运聚集成集中的、具有较大批量的整合运输。物流作业是在任何时间、跨越广阔地域来进行的，因此对产品质量的要求被强化。某些对产品生命周期有严格需求的行业，必须回收已流向客户的超值存货、快到期的产品、可能产生消费责任的产品，这将构成物流作业成本的重要部分。

企业物流活动的核心是要向内外顾客提供及时且精确的产品递送。因此，客户服务质量是发展物流战略的关键要素，决定客户服务质量的一个最重要的企业业务领域是配送或营销的渠道。渠道是企业内部的组织单位和外部的代理与经销商、批发商与零售商的结构，通过这种结构进行商品、产品或服务的交易。渠道是企业的竞技场，是一个自由市场体系，承担着产品和服务的所有权的交换。物流方向是从原料供应处通过生产工厂把原料转化成产品，再通过分销渠道把产品运送到产品分销中心，最后到达零售商或消费者手中。优越的渠道结构能够带来竞争优势，企业只有通过在渠道范围内与其他业务伙伴的合作，市场营销和物流的成功配送才能得到充分保障。所以，企业与供应商和客户的合作对供应链计划是十分重要的。供应链管理的基本概念是建立在这样一个合作信念之上的，能够通过分享信息和共同计划，使整体物流效率得到提高。供应链管理使渠道安排从一个松散联结着的独立企业的群体，变为一种致力于提高效率和增加竞争力的合作力量。在本质上，供应链管理是从每一个独立参与者进行单一的存货控制，变为一种渠道整合和管理，供应链管理的动机是增加渠道的竞争力。

供应链管理不同于第三方物流。第三方物流服务商为客户提供整个或部分供应链物流服务，以获取一定的利润。第三方物流公司提供的服务范围很广，它可以简单到只是帮助客户安排一批货物的运输，也可以复杂到设计、实施和运作一个公司的整个分销和物流系统。

供应链管理不同于物料控制及储运管理。第一，供应链是一个整体，而不是由采购、制造、分销与销售等构成的一些分离的功能块；第二，供应链管理要求并最终对整个供应链进行战略决策，“供应”是整个供应链上各个功能部门的共同目标，它对整个供应链的成本及供应链的市场份额有重大影响；第三，从供应链角度来看，库存不一定是必需的，它只是起平衡作用的一种工具；第四，供应链管理要求采用系统的、集成化的管理方法来统筹整个供应链的各个功能。为了确保达成共同目标，高层管理部门采取一定办法消除供应链内各部门之间的目标冲突是十分重要的。供应链管理具有更高的目标，通过管理库存和合作关系达到高水平的服务，而不是仅仅达到一定的市场目标。

二、供应链管理与企业资源规划

供应链关注端到端的整合，而企业资源规划关注所有的应用系统交易，成为一个企业范围的系统。因此，企业资源规划关注内部渠道整合以及提供企业范围决策所需的管理信息。很多企业资源规划实际上不能支持指向流程和整合的供应链，因为缺少良好的操作规划。企业资源规划与供应链管理的主要区别包括以下几方面。

（一）理论模型和方法

人们一直在坚持不懈地将数学规划等方法用于企业安排计划和管理上，渐渐形成了物料需求计划法和数学规划法这两种主要的计划编制方法，后者由于受到如建模困难、运算量大等客观条件的限制，发展比较迟缓，而物料需求计划法则由于省略了一些实际存在但又难以求解的因素，变得简单易算，获得了较好的成效和发展。但是，人们逐渐发现那些因素往往是不容忽视的，加之计算机计算速度的快速发展，使得采用数学规划法不再困难，人们开始以常驻计算机内存的方式采用数学规划法来编制计划，这种全新的计划方法就是供应链管理的开端。供应链管理采用了多种数学解析的优化模型和规则，基于约束理论进行计划，它考虑了物料、设备、人员、场所、时间和技术等所有的约束因素，对不同的目标可以通过不同的规则进行优化。相反，企业资源规划的理论模型过于简单和陈旧，它的计划模型和提前期的计算方法等都无法模拟当今复杂多变的业务过程。例如，企业资源规划进行计划的前提是假设企业具有无限的物料和能力，计划模型是无约束的。企业资源规划一般采用简单的线性公式 T=A+BX 计算产品的提前期，但每种物品每一次的采购提前期都可能存在较大差别，无法用这种简单公式来准确计算。

（二）管理范围

企业资源规划只能对企业内部资源进行管理，然而单靠改进企业内部业务所获得的收效已变得越来越有限，企业逐渐将管理焦点转移到企业之外的供应链管理和上下游的业务协同上。供应链管理则能够满足供应链横向一体化运作的要求，在资源约束、优化和决策的技术支持下，有效利用和整合外部资源。供应链管理能够模拟和改善财务指标，特别是收入、成本和资产利用率指标，它不仅仅是简单地降低成本，更是利用不同的方式来满足市场和客户的需求。

（三）编制计划

首先，供应链管理扩大了计划范围，通过不同的规则对不同业务进行计划，并可以对单一目标和多目标进行优化的计划。供应链管理的计划是并发的，计划时段是连续的，综合、完整地考虑了约束问题，生成的提前期是弹性的，可以对供应链和企业的各项业务进行计划，一次性地考虑业务流程的纵向和横向的协调，无须一个个地依次制订计划。而企业资源规划编制计划是按顺序进行的，计划时段是离散的，生成的提前期是固定的，仅面向某一功能的计划，计划的能见度只限于局部，几乎不考虑约束。

其次，供应链管理的计划覆盖了所有的业务，计划模型可以做得足够详细，包含长、中、短周期，可以实现倒排、顺排和中间排，其精细程度可从年、月、周一直到天、小时和分钟。而企业资源规划有时按天做计划都很困难，更无法精确到小时和分钟。

再次，供应链管理还能够随时根据生产和客户需求的变化进行重排计划，通过量化反映甚至超前于市场的需求，例如变化的资源和约束、用户的优先权等，它可以实现一个可持续转变的流程，使得重排计划能够对每一次意外变化进行随时处理，而企业资源规划很难做到快速地重排计划。

最后，在生成计划后，供应链管理可以根据“评价计划成本”的标准评价计划成本，并与企业的财务指标进行对比和衡量，进一步核实其可行性，而企业资源规划无法对做出的计划成本进行评价。

（四）业务管理

供应链管理在业务管理上具有比企业资源规划更好、更多的功能。第一，供应链管理具有极强的实时承诺性，它的承诺标准能为客户提供准确的交货日期。虽然企业资源规划的可承诺量也具有某种承诺能力，但仅是建立在对现有库存检查的基础上，而供应链管理在可承诺量的基础上，还通过对需求承诺能力和对订单承诺能力的检查、扩展的生产可用性检查和对获利能力的检查等功能，以对客户做出准确的交货承诺，并在商谈订单的第一时间就能确定该订单是否能够获利；第二，供应链管理能对供应链上的资源进行优化调配，将供应链上的某种稀缺资源预先分派给具有较高优先级别的客户或渠道；第三，供应链管理的计划范围扩展到了企业之外，能生成跨企业的协同计划，实时了解伙伴们的业务变化情况，及时进行重排计划，保持高度的灵活性和预见性，以快速响应市场需求，企业资源规划则无法满足这种需求；第四，供应链管理可以动态计算提前期，企业资源规划使用固定的提前期进行计划，这对整个供应链运行具有若干负面的影响；第五，供应链管理可以对供应链的需求、供给和约束进行监控，实时地将这三者进行比较，一旦出现不匹配的情况立刻发出预警信号，并执行智能的逻辑操作，使它们重新恢复平衡，重新达到同步，这也是企业资源规划无法实现的。

总的来说，企业资源规划只能告诉企业应该做什么，而供应链管理则能帮助企业决定怎样去做。例如，供应商和客户的位置变化将怎样影响运输成本？增加或取消一个配送中心，或跨库作业将如何影响运输成本？这些都是企业资源规划无法解答，而必须让位给供应链管理来解决的问题。

企业的资源贯穿于企业供应链和价值链，它包括企业的人、财、物及供应链中各环节的资源。以现代供应链管理思想来看，与企业相关的供应商及客户也是企业资源规划的对象。企业资源规划系统过去侧重于整合企业内部资源，将各环节业务贯穿起来，实现内部效率最大化，现在还注重对企业外部资源，如供应商、客户和营运商的协调管理，它更加符合现代供应链管理的理念。

从技术上来说，供应链管理要早于企业资源规划。供给和物流这两个名词流行于第二次世界大战期间，包含了规划过程和实体移动，即前线从与敌人对峙的中介点获得所需的后勤补给。供应链管理侧重于交易伙伴间的信息及产品的流动，企业资源规划主要侧重于企业资产使用的效率，是基于企业本身所需的单一观点。供应链管理虽然也重视资产的使用效率，但强调规划及供应链中与供应商和顾客的协同运作。

供应链管理的实现是企业资源的集成。企业资源规划系统的计划体系包括主生产计划、物料需求计划、能力计划、采购计划、销售执行计划、利润计划、财务预算和人力资源计划等，企业资源规划跨越生产制造领域，从更宽广的角度管理企业，而供应链管理则是站在企业外部来看企业应如何运作，可以将它看作是虚拟的企业资源规划。

伴随着电子商务的推广，全球经济的一体化进程不断加快，IT 技术的飞速发展，互联网技术的广泛应用，人类已从工业经济时代跨入了知识经济时代，企业所处的商业环境发生了根本性的变化，在全球范围内引发了一场以业务流程重组为主要内容的管理模式革命，以及以企业资源规划系统应用为主题的管理手段革命。

三、供应链管理与电子商务

电子商务源于英文“Electronic Commerce”，简写为 EC。顾名思义，电子商务的内容包含两个方面，即电子方式与商贸活动。1997 年 11 月，世界电子商务会议专门对电子商务做了科学的定义：电子商务是指对整个贸易活动实现电子化，也就是说电子商务是利用简单、快捷、低成本的电子方式，通过买卖双方不谋面而进行的各种商贸活动。

供应链管理是随着互联网和电子商务的发展应运而生的一种新型的管理系统，它能够帮助企业实现订货、进货、生产、销售等日常工作全流程的自动化，并方便管理者获取与企业相关的各种信息。它有助于降低开支、提高工作效率、增加收入、提高客户的忠诚度，帮助企业的管理者做出更明智的决定。作为一种现代企业管理战略，供应链管理拥有一套完整的战略与战术思想，如高效客户反应战略、准时制生产等方法，并拥有强有力的技术支持，如电子数据交换、网络技术、自动识别与数据采集技术等。供应链管理不仅使电子商务的参与方在思想上有了一个统一高度的认识，而且在技术上提供了相应的保障。贸易伙伴可通过条码、射频识别、自动识别与数据采集等技术，实现数据的自动、安全采集。通过利用电子数据交换等信息，运用通信技术将处理后的数据信息传向贸易伙伴，从而实现准确、快速的交易。供应链管理的广泛应用必将推动电子商务的发展进程。

四、供应链与其他管理方法

供应链管理与物料需求计划、制造资源计划是不可分割的，它是一种整合的系统，将供应商、制造商、零售商与客户紧密联系在一起，贯穿于产品、服务、信息以及资金与资源的全过程。物料需求计划是计划分析生产时所需要的零部件及其数量，只体现了物料的概念。制造资源计划是将加工、生产、装配整个产品制造过程中需要的时间、物料、资金、人力等元素进行合理分配。

价值链管理从价值增加的角度来审视供应链，如果没有供应链管理对整合协同的关注，价值链分析可能缺少必要的结构。在效果上，供应链管理和价值链管理互为补充，供应链合作伙伴是增值供应商的水平簇，是为共同目标而一起工作的一群企业。如果链中的某个供应商增加了总体网络簇的价值，进一步开发供应链簇将使最终客户获利更多。

供应链管理是数据、信息和知识的集合。数据是关于事件的一组离散的、客观事实的描述，是构成信息和知识的原始材料。信息是一种消息，通常以文字或声音、图像的形式来展现，是数据按有意义的关联排列的结果。知识是结构化的经验、价值、相关信息和专家洞察力的融合，提供了评价和产生新的经验和信息的框架，是由信息产生行动的能力、判断力和专业技术的综合。一般而言，许多相关的数据构成了信息，信息加以提高构成了知识，知识的积累形成了智慧。知识管理是通过对专业技能（隐性知识）和信息（显性知识）的系统开发和利用，来改进和提高组织的创新能力、响应能力、生产能力和技能素质。知识管理包括创造知识、发现知识、存储知识、维护知识、传递知识、应用知识等基本组成部分。

协同商务涵盖了协同供应链、协同社群、协同服务链的含义。协同供应链是涵盖所有核心机能的企业间和企业内的协同运作。协同供应链的功能包括协同设计、规划、存货管理和多供应商产品和服务组合。协同社群使 B2C 和 B2B 网站关系更加紧密，能为社群成员提供“人际黏着剂”，使其信任彼此，然后完成交易。协同社群的功能包括线上社群解决方案、群组工作流程、知识管理和专案管理解决方案，让社群成员能共享信息和协调工作。协同服务链是向上或向下整合产业中的服务链，如专业性服务、保险和金融等，对其配销通路或订购者进行沟通与配销管理。协同服务链的功能包括文件管理、工作流程、协同企划管理、合约管理、专案管理、延伸性企业人事管理以及订购者管理。

企业需要增强服务采购和管理的功能，并为此开发高度优化的流程。供应链管理与服务采购和管理之间有一些共同之处，即都需要流程专家和某领域专家的共同工作，但仍有许多不同的地方。第一，服务是无形的，其评价和绩效指标是主观的，服务的品质不容易分类，比如服务质量的严格定义是什么？如何对技能、经验和能力进行准确的、合理的测定？第二，服务的交付是一个过程，在获得服务的时候，交易就开始进入一个全新的执行和管理状态，要保证服务的最终交付，服务供应商和项目管理人必须参与服务的全过程。第三，服务是不一致的和有情景的，服务质量在很大程度上取决于服务交付的环境和客户的态度，在一个客户眼里完成任务很好的外包者，而在另一个客户那里可能由于各种原因（如参与服务的人、服务的时间、约束条件、客户的能力）未必被认为是很好的。第四，服务包含了人的因素，服务管理之所以具有挑战性是因为它通常都是由一个人或一群人来提供的，而人的能力很难评价和进行定量化比较，过去的成就并不能保证未来的成功。第五，服务离不开管理，在采购服务的时候，企业购买的是交付解决方案的能力，而不是解决方案本身，所以买方必须首先确定供应商能不能交付服务（采购服务），然后确定实际的服务能不能按要求（管理服务）来交付。

企业必须重视并采取措施来构造杰出的服务链，正如努力追求杰出供应链管理一样。服务采购和管理反映的是使企业服务链自动化和最优化的流程、技能和系统，它代表了能够使企业很好地管理和控制外包的流程、系统和服务，并使企业的延伸成为现实。在服务采购和管理理念下，供应链管理包括以下几个方面的内容。

第一，制定一个企业层次的服务链战略。定义战略采购目标，确定战略和战术服务需求，分析内部资源、核心竞争力和服务能力的差距。

第二，详细说明服务链流程和管理模式。制定标准，确定何时采购或不外包服务，规定雇用外部服务供应商的选择程序，明确服务链各环节的权利和责任。

第三，优化服务供应商关系。审查与现有服务供应商的关系和它们的服务能力，制订和完善首选供应商合作计划，制订维护关键战略合作伙伴关系的管理流程。

第四，确定服务链绩效评价基准和效益指标。评定现有服务采购和管理能力和成熟度，识别实施服务采购和管理的最佳切入点，制订跟踪服务采购和管理改进效果和投资回报的计划。

第五，制订服务采购和管理的解决方案，以支持和扩展服务链的战略效能。既要重视服务的获得，也要重视对服务过程的管理，实现服务采购和管理的战略意图与有效实践的融合，使得服务知识管理能够有效整合企业外部的知识和专业技能，与现有的供应链管理流程和系统进行整合，创建一个统一的服务和供应链环境。

延伸性企业使企业能够利用外部资源和专业技能来增强自己的竞争优势，外包推动了企业的延伸，它使得企业能够无限地开发和利用全球的技能、资源和能力，良好的服务采购和管理使得企业外包运作超凡脱俗，是企业延伸和构造服务链的基础。

第二章　供应链管理方法

第一节　业务外包

一、业务外包的概念

（一）产生的背景

“Outsourcing”可译成“业务外包”或“资源外包”，它是一种管理策略，它将一些传统的由企业内部负责的非核心业务较长时间地外包给专业的、高效的、固定的服务提供商。据国际数据集团公司调查，1996 年全球各公司业务外包额达860亿美元，美国达41亿美元，2001 年全球外包额达 1 366 亿美元。外包的一个新领域是“Consulting”，即雇用外界的人力资源，解决本部门解决不了或解决不好的问题，为用户提供咨询、诊断、顾问、分析、决策等方案，实施管理业务、组织重组、技术改造，以改进工作和提高经济效益。有关资料表明，美国前 30 家企业每年给 30 家大咨询公司的投入相当于其全年销售收入的 1%，而亚洲的前 30 家则为 0.1%，中国估计为 0.01%。

企业在自身核心业务上集聚资源的同时，通过利用其他企业的资源来弥补自身的不足，从而变得更加具有竞争优势。供应链管理强调的是把主要精力放在企业的关键业务上，即企业核心竞争力上，充分发挥自身优势，注重企业核心竞争能力，强调根据企业的自身特点，专门从事某一领域、某一专门业务，在某一点形成自己的核心竞争力。这就必然要求企业将其他非核心竞争力业务外包给其他企业，同时与全球范围内的合适企业建立战略合作关系。企业中非核心业务由合作企业完成，这就是所谓的业务外包。实行业务外包的企业更强调集中企业资源于少数具有竞争力的核心业务，也就是集中在那些使他们真正区别于竞争对手的技能和知识上，而把其他不是核心的业务职能外包给世界范围内的专家企业，并与这些企业保持紧密合作的关系。20 世纪 90 年代以来，业务外包成为快速降低企业成本的有效工具。

（二）业务外包的原因

业务外包源于信息技术的推动，从根本上说是因为信息技术为企业业务外包的快速运行提供了必不可少的载体。即便不实行信息技术的业务外包，其他诸如制造业务、财务、行政管理等外包，都离不开信息技术的运作，特别是营销业务中的网上商务外包，更需要先进的信息技术作为载体。所以，企业推行业务外包，前提是必须建立自己的信息系统，并加快推进信息工作现代化，特别是充分利用互联网，使自己的商业经营融入全球的信息网络。企业首先要确定自己的核心竞争力，并把企业内部的智能和资源集中在那些具有核心竞争优势的活动上，然后将剩余的其他企业活动外包给世界上最好的专业公司。供应链环境下的资源配置决策是一个增值的决策过程，如果企业能以更低的成本获得比自制更高价值的资源，那么企业就会选择业务外包。促使企业实施业务外包的原因如下所述。

第一，分担风险。企业可以通过外向资源配置分散由政府、经济、市场、财务等因素产生的风险。企业本身的资源和能力是有限的，通过资源外向配置，与外部的合作伙伴一起分担风险，企业可以变得更有柔性，更能适应多变的外部环境。

第二，加速重构。企业重构需要花费很多的时间，并且获得效益也要很长的时间，而业务外包是企业重构的重要策略，可以帮助企业很快解决业务方面的重构问题。

第三，解决企业难以管理或失控的辅助业务。企业可以将在内部运行效率不高的业务外包。但是，这种方法并不能彻底解决企业的问题，相反这些业务职能可能在企业外部变得更加难以控制。

第四，获得和使用企业不能拥有的资源。如果企业缺乏有效完成业务所需的资源（包括所需现金、技术、设备），而且不能盈利时，企业也会将业务外包。这是企业临时外包的原因之一，但是企业必须同时进行成本及利润分析，确认在长期情况下这种外包是否有利，由此决定是否应该采取外包策略。

第五，降低和控制成本，节约资本资金。许多外部资源配置服务提供者都拥有比本企业更有效、更便宜的完成业务的技术和知识，因而他们可以实现规模效益，并且愿意通过这种方式获利。企业可以通过外向资源配置，避免在设备、技术、研究开发上的大额投资。

此外，以下几个动力进一步促使企业选择业务外包。

一是规模经济。企业进行业务外包的一个重要目标就是通过将许多不同的购买者的订单集合起来以获得规模效应，从而降低生产成本，使供应商在采购和生产过程中充分利用规模经济的优势。

二是风险分摊。外包可能将需求的不确定性转嫁给合同生产商，而合同生产商的优势能够将来自不同采购者的需求进行集成，通过风险分摊的机制来降低需求的不确定性。这样，合同生产商能够在保证甚至提高服务水平的同时降低零部件的库存。

三是降低资本投入。除了需求不确定性以外的资本投入也转嫁给了合同生产商，而合同生产商能在几家客户之间分摊这部分费用。

四是专注于核心竞争力。企业能够专注于它的核心能力的提高，也就是专注于真正区别于竞争对手并能被用户识别的特殊的才干、技能和知识结构。

（三）业务外包的利弊

实行业务外包，可以将企业的运作提高到世界级的水平，而所需的费用则与目前的开支相等甚至有所减少，并省去了巨额投资。据不完全统计，业务外包企业出现财务麻烦的仅为没有实行业务外包企业的三分之一。成功的业务外包策略可以帮助企业降低成本、提高业务能力、改善质量、提高利润率和生产率。但是，业务外包也会存在一些问题，它可以减少企业对业务的监控，增加企业责任外移的可能性。企业必须不断监控合同商的行为并与之建立长期、稳定的联系。对职工本身而言，随着更多业务的外包，他们会担心失去工作。一般而言，业务外包策略存在两种本质的风险。

一是失去竞争知识。将关键部件外包出去可能给竞争对手以可乘之机，外包可能意味着企业将失去自己，而不是引入新技术能力。将不同部件的生产外包给不同的供应商也会阻碍新思想、技术创新以及需要跨职能团队实现的解决方案的开发。

二是产生目标的冲突。供应商和购买者之间往往有相互冲突的目标，对于购买者来说其目标是希望提高灵活性，这个目标与供应商的“长期、稳定和平稳订货”的目标相矛盾，因为供应商的边际利润较低，所以供应商致力于降低成本，而不是增加灵活性。同样，供应商和采购者之间还存在产品设计的冲突，坚持提高灵活性的采购者希望尽快解决设计问题，而供应商则把目光放在降低成本上，使得设计变化的速度很慢。

二、业务外包的方式

业务外包主要有以下几种方式。

（一）临时服务和临时工

一些企业在完全控制它们主产品生产过程的同时，会外包一些诸如自助餐厅、邮件管理、门卫等辅助性、临时性的服务。同时企业更偏向于使用临时工（短期合同的临时职工），而不是雇佣工（长期合同的稳定职工）。企业用最少的雇佣工，最有效地完成规定的日常工作量，而在有辅助性服务需求的时候雇用临时工去处理。因为临时工对失业的恐惧或报酬的重视，使他们对委托工作认真负责，从而提高了工作效率。临时性服务的优势在于企业有特殊技能的职工但又不需永久拥有，这在企业有超额工作时尤为显著。这样企业可以缩减过量的经常性开支，降低固定成本，同时提高劳动力的柔性，提高生产率。

（二）子网

为了夺回以往的竞争优势，大量的企业将控制导向、纵向一体化的企业组织分解为独立的业务部门或公司，形成母公司的子网公司。就理论上而言，这些独立的部门性公司几乎完全脱离母公司，变得更加有柔性、效率和创新性，同时因为减少了纵向一体化环境下官僚作风的影响，它们能更快地对快速变化的市场环境做出反应。

（三）与竞争者合作

与竞争者合作使得两个竞争者把自己的资源都投向共同的任务（诸如共同的开发研究）中，这样不仅可以使企业分散开发新产品的风险，同时使企业可以获得比单个企业更高的创造性和柔性。尤其在高科技领域，要获得竞争优势，企业就必须尽可能小而有柔性，并尽可能与其他企业建立合作关系。

（四）除核心竞争力之外的完全业务外包

业务外包的另一种方式是转包合同。在通信行业，新产品寿命周期基本上不超过 1 年，美国世界通信国际公司（MCI）就是靠转包合同而不是靠自己开发新产品在竞争中立于不败之地的。世界通信国际公司的转包合同每年都在变换，它们有专门的小组负责寻找能为其服务增值的企业，从而使世界通信国际公司能提供最先进的服务。世界通信国际公司的通信软件包都是由其他企业来完成的，而自己所要做的就是将所有通信软件包集成在一起，为客户提供最优质的服务，这就是世界通信国际公司的核心业务。

（五）全球范围的业务外包

在世界经济范围内竞争，企业必须在全球范围内寻求业务外包。在全球范围内对原材料、零部件的配置正成为企业国际化进程中获得竞争优势的一种重要技术手段。全球资源配置已经使许多行业的产品制造国的概念变得模糊。原来由一个国家制造的产品，可能通过远程通信技术和迅捷的交通运输成为国际组装的产品，开发、产品设计、制造、市场营销、广告等可能是由分布在世界各地的能为产品创造更多增值的企业来完成。全球业务外包也有它的复杂性、风险和挑战，国际运输方面可能遇到地区方面的限制，订单和再订货可能遇到配额的限制，汇率变动及货币的不同也会影响付款的正常运作。

（六）扩展企业

供应链管理改变了企业的竞争方式，将企业之间的竞争转变为供应链之间的竞争，尤其是在业务外包思想的指导下，强调核心企业通过和供应链中上下游企业之间建立战略伙伴关系，以强强联合的方式，使每个企业都发挥各自的优势，在价值增值链上达到共赢的效果。这种竞争方式将改变企业的组织结构、管理体制以及企业文化，是一种新的企业模式，被称为扩展企业，即在供应链管理环境下，以业务外包为基础所产生的一种新的企业形式。实施供应链管理的企业可以通过业务外包，获得比单纯利用内部资源更多的竞争优势，在业务外包的基础上产生了扩展企业。

扩展企业是一个概念性的组织单元或系统，它包括采购公司和供应商（一个或多个），它们通过紧密合作来实现最大化的利润分配，这些企业未必构成整个供应链，但它们是供应链中的主要成员之一。扩展企业的出现使企业之间的竞争转化为供应链与供应链之间的竞争，IT在供应链企业中的广泛应用以及企业间电子商务的发展是扩展企业的特征之一。

在一定程度上而言，扩展企业是基于制造企业在设计、生产计划、市场营销、库存和运输等职能之间，在企业与企业之间集成而产生的，这不仅使得企业的职能能够跨越企业界限得以集成，从而发挥更大的资源配置优势，同时使得企业之间的文化、工作经验得到交流，信息和数据得以畅通。扩展企业的概念部分来自制造业，它们为了获得竞争优势需要建立正式的合作伙伴关系，这种思想的核心就是要利用外部的资源和服务，而不是去拥有它。这种形式的合作表现为在独立的制造企业之间设计、开发、成本控制，形成有共同利益的链。企业内部各职能部门间的集成，如设计、计划、营销、存储和运输，是组建扩展企业的先决条件。如果一个企业对某个企业承担某种扩展企业形式的义务，那么该项合作的义务仅限于事先约定的合同条件，这并不能限制企业参与其他的合作，如与某供应链以外的其他企业展开类似的合作。

第二节 大规模定制

大规模定制是从20世纪盛行的两种生产模式，即大规模生产和单件定制中演化而来的。大规模生产是指对少量产品有效地进行大批量生产，生产效率高、产品品种少、质量高且价格相对较低。在单件定制模式中，工人技能高、灵活性强。大规模定制是为了降低成本，快速、高效地向顾客提供各种定制化的产品和服务，它同时具备大规模生产和单件定制的优点。

实施大规模定制的关键是自治、技能高的工人以及流程和模块单元，这样管理者可以通过对模块重新配置、协调来满足顾客具体的要求。模块的成功与否依赖于模块如何高效、快速、有效地完成任务以及模块扩展能力的好坏，管理者的任务是确定如何将这些能力有效地结合起来。在许多情况下动态网络的模块跨越不同的企业，所以建立战略伙伴关系和供应商的集成对于大规模定制的成功十分重要。同样延迟策略有利于区域定制化，即把地区差异化延迟到地区配送中心。要成功实施大规模定制必须具备以下几个关键属性，具备了这些属性才能建立一个能够快速、高效地对各种顾客的需求做出反应的动态、柔性的企业。

第一，及时性。模块和工艺流程能快速连接起来，以对各种顾客的需求做出快速反应。

第二，低成本性。模块和流程的连接要增加成本，但增加的成本不能高，这样大规模定制才能实现低成本化。

第三，无缝隙性。顾客不能察觉到各个单个模块和模块的连接，以保证顾客服务水平不受影响。

第四，无摩擦性。形成网络模块或联合模块所带来的间接费用低，沟通必须瞬时进行，这样在各种类型的环境中建立小组就可以不花时间。

大规模定制是优化供应链、增强对顾客反应能力的一种有意义的组织方式，它给传统的生产、流通和消费模式带来了冲击。大规模按顾客订单定制不仅仅是一个制造过程、物流系统或营销战略，它还可能成为一种新的组织原则，就像大批量生产是一种组织原则一样。大规模定制是供应链管理挑战品牌经营的有力手段，这种方法正在许多行业应用，以此为顾客提供更好的服务。大规模定制在提高服务质量的同时，简化了整个需求判断的过程，并且使企业认识到只有提供那些能够反映顾客特定需求的产品才是最好的服务。互联网与电子商务的进一步发展，为定制业务的开展创造了良好的基础环境。美国莱维施特劳斯（Levi Strauss）公司通过大规模定制而提供独特服务，以区别于其他牛仔裤公司。莱维施特劳斯公司提供量体裁衣的服务，费用比预先标准化的制造牛仔裤多15美元，通过让顾客对更合身服装的满意而获益，这带来了销量的上升和对顾客更透彻的了解。过去，顾客在买到称心如意的牛仔裤之前，可能需要试穿十几条，非常麻烦，而通过大规模定制省去了这种麻烦，因此，莱维施特劳斯公司的量体定制服务极有吸引力。

第三节　延迟策略

一、延迟策略的内涵

在用户需求多样化的今天，需要采用产品多样化的策略来满足用户的不同需求，而产品的多样化必然带来代理仓库的增加，为此提出了延迟策略。所谓供应链管理的延迟策略是指尽量延迟产品的生产和最终产品的组装时间，也就是尽量延长产品的一般性，推迟其个性的实现时间。随着预测点与需求发生点的接近，对需求量的预测就会更加准确。随着时间的延迟，可以获得更多关于实际需求的信息，从而降低了不确定性，提高了预测精度，减少了不必要的库存积压和缺货。延迟策略是一种为适应大规模定制生产而采用的策略，通过这种策略使企业能够实现产品多样化，适应顾客的不同需求。实现延迟策略的关键技术是模块化，包括模块化产品、模块化工艺过程、模块化分销网络设计。在用户需求多样化的今天，如果想满足用户的需求，就必须采用产品多样化策略，但是产品多样化必然带来库存产品的增加。在过去的物流管理系统中，分销中心的任务是仓储和分销，当增加产品品种时，库存也随之增加，这对企业来说是一笔很大的投资，而且物流成本增加可能会削弱产品多样化策略的优势。在延迟策略中，地区性顾客化产品是在到达用户所在地之后，以模块化的方式进行组装，分销中心没有必要储备所有的顾客化的产品，只需储备产品的通用组件，这样库存成本就大为降低，分销中心的功能也发生了转变。为实现延迟策略，物流系统中的运输方式也必须随着发生变化，如采用比较有代表性的交接运输方式。交接运输是将仓库或分销中心接到的货物不作为存货，而是为紧接着的下一次货物发送做准备的一种分销系统，这种物流方式是模块化分销网络设计。具体来说，延迟策略包括以下几种。

第一，形式延迟策略。该策略改变产品的基本结构，重新设计某些零部件或流程，使其标准化和简单化，突出共性，简化存货管理，使产品具有一致性、规模性的特点。

第二，生产延迟策略。尽量保证产品处于一个中性及雏形的形态，由各地的分销中心做最后的生产或组装。

第三，物流延迟策略。在供应链中，产品的实物配送尽量被延迟，产品仅被储存在工厂的中心仓库中，利用直接配送方式将产成品送到零售商或顾客手中。

第四，完全延迟策略。对于单一顾客特殊需求的订单，直接由零售店传送到生产工厂执行，并直接运送给顾客或零售商，顾客的定购点已移至生产流程阶段，生产和物流活动完全由订单驱动。

二、延迟策略的实现

延迟策略的实现需要具备以下几个条件。

第一，零部件标准化。将成品分成几个子模块，使得成品生产时得以使用共同的零部件。这样降低了生产系统的复杂程度，增加了在制品库存的弹性，改善了对顾客的服务水平。

第二，模组化设计。将成品分成几个子模块，使它们较容易地组装在一起，使制造商可以延迟特定产品的组装，进而达到产品差异点的延迟。

第三，流程再造。将产品的所有制造流程分解成共同流程与差异化流程两部分，并将差异化流程延迟至下游的分销点进行生产。

延迟策略在时间上重新规划企业的供应流程，以充分满足客户的需求。推迟制造就是供应链管理中实现客户化的重要形式，它的核心理念就是改变传统的制造流程，将最能体现顾客个性化的部分推迟进行。总之，在整个供应系统的设计中，应该对整个生产制造和供应流程进行重构，使产品的差异点尽量在靠近最终顾客的时间点完成，充分满足顾客的需求。这种对传统的制造流程进行重构的做法，实际上与企业业务流程重组是一致的。

第四节　快速反应

一、快速反应的概念

快速反应是指物流企业面对多品种、小批量的买方市场，不是储备产品，而是准备各种要素，在用户提出要求时能以最快的速度提取要素，及时组装，提供所需的服务或产品。快速反应是美国纺织服装业发展起来的一种供应链管理方法，其目的是减少原材料到销售点的时间和整个供应链的库存，以提高供应链管理的运作效率。零售商在应用快速反应系统后，可以带来以下一些积极作用。

第一，销售额大幅度增加。应用快速反应系统可以降低经营成本，从而降低销售价格；随着商品库存风险的减少，商品以低价定位，增加销售量；能够避免缺货，从而避免销售机会的损失；容易确定畅销商品，保证畅销商品的品种齐全，连续供应，增加销售量。

第二，商品周转率的大幅度提高。应用快速反应系统可以减少商品的库存量并保证畅销商品的正常库存量，加快商品的周转。

第三，需求预测误差大幅度降低。应用快速反应系统可以及时获得销售信息，把握畅销商品和滞销商品，同时通过多频度、小数量的送货方式，实现零售商需要的时候才进货，这样可使需求预测误差降低 10% 左右。

快速反应是在准时制生产思想的影响下产生的，为了获得基于时间上的竞争优势，必须开发敏感快捷的系统。因此，它的目标是在信息系统与准时制生产物流系统的联合下，在适当的时间与地点提供适当的产品。信息技术的发展，特别是电子数据交换、条码及货物售点系统的应用，使之成为可能。

二、快速反应的实现

快速反应要求零售商和供应商一起工作，通过共享货物售点系统信息来预测商品的未来补货需求，不断分析发展趋势以探索新产品的机会，以便对用户需求做出快速反应。双方在运作上利用电子数据交换来加速信息流，通过共同组织活动来使得前置时间和费用最小。实施快速反应需要一定的条件，某学者对美国纺织服装业的研究发现，快速反应需要以下条件。

第一，改变传统的经营方式、经营意识和组织机构。企业要与供应链各方建立合作伙伴关系，利用各方资源来提高经营效率；零售店商在垂直快速反应系统中起主导作用，他们是快速反应系统的起始点，在垂直快速反应系统内部通过相互公开和交换货物售点系统数据等销售信息和成本信息，以提高供应链各个企业的经营效率；明确垂直型快速反应系统内各个企业之间的分工协作范围和形式，消除重复作业，建立有效的分工协作框架；改变传统的事务作业方式，利用信息技术实现事务作业的无纸化和自动化。

第二，及时开发和应用现代信息。相关的信息技术包括条码技术、电子订货系统、货物售点系统、电子数据交换技术、电子资金转账、供应商管理库存、连续补货计划等。

第三，与供应链各方建立战略伙伴关系。积极地寻找和发现战略合作伙伴，并在合作伙伴之间建立分工和协作关系。合作的目标是削减库存，避免缺货现象的发生，降低商品风险，避免大幅度减价现象发生，减少作业人员以及简化事务性作业等。

第四，改变传统企业对商业信息保密的做法。将销售信息、库存信息、生产信息、成本信息等与合作伙伴交流共享，在此基础上要求各方在一起发现问题、分析问题和解决问题。

第五，供应方必须缩短生产周期，降低商品库存。供应方应努力做到缩短商品的生产周期；进行多品种、少批量生产和多频度、少数量配送，降低零售商的库存商品，提高顾客服务水平；在商品实际需要即将发生时，采用准时制生产方式组织生产，减少供应商的库存水平。

快速反应的着重点是对消费者的需求做出快速反应，它的具体策略包括有待上架商品准备服务、自动物料搬运。实施快速反应可分为三个阶段。

第一阶段：对所有的商品单元条码化，利用电子数据交换传输订购单报文和发票报文。

第二阶段：在第一阶段的基础上增加与内部业务处理有关的策略，如自动补库与商品即时出售等，并采用电子数据交换传输更多的报文，如发货通知报文、收货通知报文等。

第三阶段：与贸易伙伴合作，采用更高级的快速反应策略，以便对用户的需求做出快速反应。

每个企业必须把自己当成集成供应链系统的一个组成部分，以确保整个供应链的整体效益。一般而言，企业内部业务的优化较容易，而贸易伙伴间的合作存在诸多障碍。

目前，欧美的快速反应已发展到了第三阶段，即联合计划、预测与补货阶段。联合计划、预测与补货是一种建立在贸易伙伴之间密切合作和标准业务流程基础上的经营理念。

第五节　高效客户反应

一、高效客户反应的概念

高效客户反应是以满足顾客要求和最大限度降低物流过程费用为原则，及时做出准确反应，使得提供的物品供应或服务流程最佳化，它最初应用于食品杂货分销系统中。高效客户反应的最终目标是建立一个具有高效反应能力和以客户需求为基础的系统，使零售商和供应商以业务伙伴方式来合作，提高整个供应链的效率，从而大大降低整个系统的成本、库存和物资储备，同时为客户提供更好的服务。高效客户反应包括以下四大要素。

高效产品引进：通过采集和分享供应链伙伴间有效的、准确的购买数据，提高新产品的成功率。

高效商店品种：通过有效地利用店铺的空间和店内布局，最大限度地提高商品的盈利能力，如建立空间管理系统、有效地划分商品品种等。

高效促销：通过简化分销商和供应商的贸易关系，使贸易和促销系统的效率最高，如消费者广告（优惠券）、贸易促销（远期购买、转移购买）等。

高效补货：通过电子数据交换，从生产线到收银台，采用以需求为导向的自动连续补货和计算机辅助订货等技术，使补货系统的时间和成本最优化，从而降低商品的售价。

通过高效客户反应，零售商无须签发订购单就可以实现订货，而供应商则可利用高效客户反应的连续补货技术，随时满足客户的补货需求，使零售商的存货保持在最优水平，从而提供高水平的客户服务，进一步加强与客户的关系。供应商可从商店的销售点数据中获得最新的市场信息，以改进销售策略。高效客户反应使分销商能够快速分拣、运输及包装，加快了订购货物的流动速度，提高了信誉，进而使消费者享用更新鲜的物品，增加购物的便利和选择，并加强了消费者对特定物品的偏好。高效客户反应使客户增加了选择范围和购物的便利，减少了库存货品，提供的货品更加新鲜。

高效客户反应和快速反应适合于不同的领域。高效客户反应适合功能型产品（如杂货），这种产品的寿命相对较长，订购量的过多或过少的损失相对较小；快速反应则适合创新型产品（如服装），产品的寿命相对较短，订购量的过多或过少的损失相对较大。两者的共同特性都是超越企业之间的界限，通过合作追求物流效率化，表现为贸易伙伴间商业信息的共享，商品供应方进一步涉足零售业以提供高质量的物流服务，企业间通过电子数据交换来订货和发货以实现订货和出货数据的传送无纸化。

二、高效客户反应的实现

要实施高效客户反应，首先必须联合整个供应链所涉及的供应商、分销商以及零售商，改善供应链中的业务流程，使流程更加合理有效，然后以较低的成本使得这些业务流程自动化，以进一步降低供应链的成本和时间。具体来说，实施高效客户反应需要将条码、扫描技术、货物售点系统和电子数据交换集成起来，在供应链之间建立一个无纸系统，以确保产品能够不间断地由供应商流向最终用户，同时信息流能够在开放的供应链中循环流动，以满足客户对产品和信息的需求，给客户提供最优质的产品和适时准确的信息。实施高效客户反应应遵循以下原则。

一是以较少的成本不断致力于向供应链客户提供更优的产品、更高的质量、更好的品类、更好的库存服务，以及更多的便利服务。

二是高效客户反应必须由相关的商业带头人启动，该商业带头人应通过代表共同利益的商业联盟取代旧式的贸易关系，以达到获利的目的。

三是利用准确、适时的信息以支持有效的市场、生产和后勤决策，这些信息以电子数据交换的方式在贸易伙伴间自由流动。

四是产品必须处于不断增值的过程，从生产至包装，直到最终客户的全过程，以确保客户能随时获得所需的产品或服务。

五是必须采用通用一致的作业措施和回报系统，该系统注重整个系统的有效性，清晰地标识出潜在的回报，促进对回报的公平分享。

高效客户反应的实施具体包括以下步骤。

一是为变革创造氛围，改变对供应商或客户的认知，从敌对态度转变为同盟。

二是选择初期高效客户反应的同盟伙伴，新实施高效客户反应的企业应成立 2 ～ 4 个初期同盟，来自各个职能区域的高级同盟代表应对高效客户反应的启动进行商讨。

三是开发信息技术投资项目，以支持高效客户反应的实施，具有很强信息技术的企业比其他企业更具有竞争优势来实施高效客户反应。

第六节　敏捷制造与虚拟组织

敏捷制造是企业在难以预测的持续和快速变化的竞争环境中谋求生存和发展，并扩大竞争优势的一种新的经营管理和生产组织模式。它强调通过联合来赢得竞争，强调通过产品制造、信息处理和现代通信技术的集成来实现人力、知识、资金和设备的集中管理和优化利用。

敏捷制造包含了重要的含义。一是“精益生产”的思想，即企业按大批量生产方式组织生产时，把客户、销售代理商、供应商、协作单位等都纳入生产体系，企业同其销售代理、客户和供应商的关系已经不再是简单的业务往来关系，而是利益共享的合作伙伴关系，这种合作伙伴关系组成了企业的供应链，这就是精益生产的核心思想；二是当市场发生变化，企业遇到特定的市场和产品需求时，企业的基本合作伙伴不一定能满足新产品开发生产的要求，这时企业会组织一个由特定的供应商和销售渠道组成的短期或一次性供应链，形成“虚拟工厂”，把供应和协作单位看成是企业的一个组成部分，运用“同步工程”组织生产，用最短的时间将新产品打入市场，时刻保持产品的高质量、多样化和灵活性，这就是“敏捷制造”的核心思想。

目前，大多企业采取集团或通过相互参股建立供应链战略同盟等形式，把企业变为整体供应链的一部分，按照每位客户的要求为其提供最大价值的同时，也使供应链的总利润最大化。在市场、加工、组装、制造环节与流通环节之间，建立一个业务相关的动态企业联盟（或虚拟企业）。动态企业联盟是为完成向市场提供某项商品或服务等任务而由多个企业相互联合所形成的一种合作组织形式，通过信息技术把这些企业连成一个网络，具有单个企业不能承担的市场功能，更加有效地向市场提供商品和服务。动态联盟是企业为了快速响应已经出现或根据预测即将出现的市场机遇，而与其他企业组织（利益共同体）形成的联合。它是某一阶段、某一市场需求的产物，它强调通过企业间的利益共享和风险共担来实现企业间的精诚合作，强调联合竞争、共同盈利的合作机制。这个联盟是动态的，它有一定的生命周期，针对某个市场机遇或某项新技术、新发明的应用要求而产生，当这一前提失去之后，联盟便自动瓦解。

动态联盟一般有一个发起者，或者是最早意识到这一机遇存在的企业，或者是这一未来产品的关键技术的持有者。联盟中的每个企业都有它们的专长，都能承担共同的风险和分享未来的利益。

敏捷制造概念的提出，为供应链赋予了新的含义和要求，进而提出了敏捷供应链的概念。敏捷供应链区别于一般供应链系统的特点在于，它可以根据动态联盟的形成和解体（企业重组）来进行快速的重构和调整。敏捷供应链要求能通过供应链管理促进企业间的联合，进而提高企业的敏捷性，提出了供应链本身的敏捷性和可重构要求，以适应动态联盟的需要。敏捷供应链具有以下功能。

①支持迅速结盟以及结盟后动态联盟的优化运行和平稳解体。

②支持动态联盟企业间敏捷供应链管理系统的功能。

③结盟企业能根据敏捷化和动态联盟的要求进行组织、管理以及对生产计划的调整。

④可以集成其他的供应链系统和管理信息系统。

第七节　并行工程

一、并行工程的概念

产品开发是产品形成中的创造性阶段，产品开发包括产品规划、产品设计、生产准备以及样品试验四个阶段，在产品开发中需要确定产品的性能、产品形状、产品尺寸以及零件材料、数量、结构工艺和装配工艺性等。虽然产品开发的成本只占总成本的5%，但是产品成本的70%都是在产品开发中确定的，因此产品开发是降低产品成本、缩短产品上市时间的关键。传统的产品开发过程是采用顺序工程的方法，其缺陷在于在设计过程中不能及早考虑制造过程及质量保证等问题，从而造成设计与制造脱节，使产品开发过程成为设计、加工、测试、修改、再设计的大循环过程，产品设计在这一迭代过程中趋于完善，最终才能满足用户的要求。这种方法不仅造成设计改动量大、产品开发周期长，而且大大增加了产品的成本。

基于上述原因，美国于 1989 年首先提出了并行工程的概念。并行工程是一种综合经营、工程和管理的哲理、指导思想、方法论的工作模式。美国国防分析研究所在 R338 研究报告中把并行工程定义为是对产品及其相关过程（包括制造过程和支持过程）进行并行、一体化设计的一种系统化的工作模式。这种模式力图使开发者从一开始就考虑到产品生命周期（从概念形成到产品报废）中的所有因素，包括质量、成本、进度与用户需求等。在纵向上，并行工程以产品为主线，使产品的设计、分析、制造、装配工程并行；而在横向上，同阶段的相关设计任务并行化，即横向的集成，如在总装设计完成后并行开展的外覆件、车架、电装部分设计。

二、并行工程的关键技术

并行工程是一种工作模式和设计环境。在该模式下，在设计的不同阶段能够对相互冲突的需求提供快速的、与特定企业相关的解决方案。并行工程需要一系列相关技术和工具的支持，包括过程建模与仿真、工作流管理与执行系统、知识管理与集成、快速原型制造、虚拟现实、产品数据管理以及集成化产品数据模型等。

（一）过程建模与仿真

要将产品设计过程从传统的串型流程转变成集成的、并行的产品设计过程，首先要有一套对产品开发过程进行形式化描述的建模方法。这种方法应该能描述产品设计过程的各个活动，以及这些活动所涉及的产品、资源和组织情况及其之间的联系。并行强调重组的观点，并行化的基础是对现行过程的分析细化和对现行活动的分解重组；其次强调集成的观点，并行强调的是不同过程的集成和不同设计人员的协同工作，强调通过产品颁布使下游过程的设计者能在产品开发早期参与设计过程。由于设计过程涉及企业的各个部门和方方面面的因素，所以必须建立一个能描述产品开发过程及其与产品、资源、组织等相关的集成化模型，对所涉及的信息流、物料流和资金流以及组织、技术、资源等要素进行统一的定义和控制。并行过程模型是整个集成化产品开发模型的核心，通过对企业经营过程的各项活动的描述，把企业的产品结构模型、资源利用模型和组织模型集成在一起，并通过对产品结构、资源利用和组织管理模型的控制和评价来实现对过程模型的管理和优化。

用于过程建模的软件工具有 IDEF3、PSL、Microsoft Project、Ontology。Microsoft Project 是针对项目管理的软件，PSL 是实现企业集成化视图并支持过程规范的语言，Ontology 建模工具也就是白玉兰工作流建模。

（二）集成化产品数据模型

集成化产品数据模型是指能支持产品生命周期中各个阶段有关工作的所有数据的集合，这些信息包括产品的形状信息、工艺数据、功能需求以及其他与维护管理相关的非几何信息，包括特征造型、参数设计、装配建模、基于 STEP 规范的集成化产品数据交换标准等。

特征建模是从工艺规划和 NC 编程需要的角度出发提出来的基于制造特征而进行的产品建模。

参数化设计技术的基本思想就是用几何约束来确定产品模型的形状特征，参数化的产品模型由几何模型和几何约束模型共同构成，完备的约束模型通过尺寸模型构成了几何模型的唯一而完整的表示。

基于装配信息的集成化产品模型，从装配设计的自身特性和上下文相关特性出发，研究完备、正确表达与传递装配对象之间的装配属性，以支持从概念设计到零件设计的产品设计过程。

STEP 是工业自动化中关于产品描述的标准，用于计算机自动化处理的产业部门与商贸部门中有关产品的信息，包括产品的技术性能、生产制造工艺、结构形状等属于产品生命周期中的全部相关信息。因此，根据 STEP 发展的信息系统技术，可包容现有的产品概念设计、工程设计、生产制造、产品维护等全部工程文档的内容。

为了实现产品级的数据交换，ISOTC184/SC4/WG2 专门进行了有关零件库的研究，制定了一系列有关程序库的标准 ISO13584。ISO13584 系列标准提供了准确的零部件信息的表示方法以及必需的机制和定义，以保证零件库中零部件的交换、应用和更新，同时保证制定的数据表示可以支持多种数据表示方法，而不依赖于任何一个特定的计算机系统。

（三）产品数据管理

产品数据管理技术最早出现于 20 世纪 80 年代初期，是为了解决大量工程图纸、技术文档以及计算机辅助设计文件的计算机化的管理问题，后来逐步扩展到产品开发的三个主要领域，即设计图纸和电子文档管理、材料报表的管理以及工程文档的集成、工程变更请求 / 指令的跟踪与管理。

（四）面向 DFX 的知识集成

DFX 技术是企业并行工程中的核心技术，DXF 是一种面向某种后续应用的设计方法，属于设计方法学的范畴。在并行设计领域，DXF 指的是对一个具体设计的可行性评价方法，它体现的是多种知识的融合、多种知识的集成和重用，而不仅仅是简单装配路径仿真等功能。它要求不同的设计方案和修改能快速提供有关各个应用领域的可行性的评价指标，其目标是在设计过程中保证产品后续过程的可行性，避免大返工。

DFX 可以通过技术或非技术的方式来实现。所谓非技术的方式是指通过管理的方式来实现，诸如并行工程中以项目流程为核心的多功能团队的组织形式，而技术方式则是指利用计算机或其他技术来辅助进行 DFX 评价或支持 IPT 工作的技术手段。

DFX 系统主要包括面向装配的设计、面向制造的设计、面向环保的设计、面向成本的设计、面向可靠性的设计、面向质量检测的设计等组成部分。

第三章　供应链管理的构建与优化

第一节　供应链体系的设计原则和方法策略

一、关于供应链设计问题的简要说明

（一）供应链设计与物流系统设计

有的人把供应链系统设计等同于物流系统设计，实际上两者是有区别的。物流系统是供应链上的物流通道，是供应链设计和管理的重要内容。物流系统设计是指对供应商选择→采购入厂→存储→投料→厂内加工→产品装配→包装→运输→分销→零售等一系列物流过程的设计，其设计重点是获得最佳的物料运动过程。一个结构合理的物流系统对于降低库存、减少成本、缩短提前期、实施准时制生产与销售、提高供应链的整体运作效率是非常重要的。由此可见，物流系统是供应链系统设计中最主要的工作之一。但供应链的设计不等同于物流系统设计。供应链设计是企业运营模式的设计，它从更广泛的思维空间——企业与企业整合的角度去勾画企业运营模式。它不仅包括物流系统，还包括信息和组织体系、管理流程、价值增值和相应的服务体系的架构。在供应链的设计中，创新性的管理思维和观念极为重要，要把供应链的整体思维观融入供应链的构思和建设中，要充分考虑企业之间的协同运作，这样才能实现最佳的供应链运作模式。

（二）供应链设计与实际运行环境因素

一个在纸面上设计精良的供应链在实际运行中并不一定能取得预期效果，甚至无法达到设想的基本要求。主观设想与实际效果的差距并不一定是供应链的设计不完美，而是实际环境因素的变化在起作用。因此构建和设计一个供应链系统，不仅要从供应链的科学构成进行设计，还要考虑其运行环境（地区、政治、文化、经济等）因素的影响，以及实际运行环境的变化对供应链实施的影响。因此，要用发展的、变化的眼光来设计供应链，无论是

信息系统的构建还是物流系统的设计都应具有较高的柔性，以提高供应链对环境的适应能力。

（三）供应链设计与企业再造工程

从企业的角度来看，供应链的设计是一个企业再造问题，供应链所涉及的内容任何企业或多或少地都会涉及。供应链的设计或重构不是要推翻现有的企业模型，而是要从管理思想革新的角度，以创新的观念武装企业（比如动态联盟与虚拟企业，精细管理），这种基于系统进化的企业再造思想是符合人类演进式的思维逻辑的，尽管“BPR 教父”哈默和钱皮一再强调其彻底的、剧变式的企业重构思想，但实践证明实施 BPR 的企业最终还是走向了改良的道路，所谓无源之水、无本之木的企业再造是不存在的。因此，在实施供应链的设计与重建时，并不在于是否“打碎那个瓷娃娃”，而是需要新的观念、新的思维和新的手段，这是我们实施供应链管理所要明确的。

（四）供应链设计与先进制造模式的关系

供应链设计既是从管理新思维的角度去改造企业，也是先进制造模式的客观要求及其推动的结果。如果没有全球制造、虚拟制造这些先进的制造模式的出现，集成化供应链的管理思想是很难实现的。正是先进制造模式的资源配置沿着“劳动密集→设备密集→信息密集→知识密集”的方向发展，才使得企业的组织模式和管理模式发生了相应的变化，从制造技术的技术集成演变为组织和信息等相关资源的集成。供应链管理适应了这种趋势。因此，供应链的设计应把握这种内在的联系，使供应链管理成为适应先进制造模式发展的先进管理思想。

二、供应链设计的原则

在供应链的设计过程中，我们认为应遵循一些基本的原则，以保证供应链的设计和重建能满足供应链管理思想的实施和贯彻执行。

（一）自顶向下和自底向上相结合的设计原则

在系统建模设计方法中，存在两种设计方法，即自顶向下和自底向上的方法。自顶向下的方法是从全局走向局部的方法，自底向上的方法是从局部走向全局的方法；自顶向下是系统分解的过程，而自底向上则是集成的过程。在设计一个供应链系统时，往往是先由主管高层做出战略规划与决策，规划与决策的依据来自市场需求和企业发展规划，然后由低层部门实施决策，因此，供应链的设计是自顶向下和自底向上的结合。

（二）简洁性原则

简洁性是供应链设计的一个重要原则。为了使供应链具有灵活、快速响应市场的能力，供应链的每个节点都应是精简的、具有活力的，能实现业务流程的快速组合。例如，供应商的选择就应遵循少而精的原则，通过和供应商建立战略伙伴关系，减少采购成本，实施准时化采购和生产。生产系统的设计更是应以精细思想为指导，从精细的制造模式到精细的供应链是管理者应努力追求的目标。

（三）集优原则（互补性原则）

供应链各个节点的选择应遵循强强联合的原则，以实现资源外用的目的，每个企业只集中精力于各自核心的业务过程，就像一个独立的制造单元（独立制造商）。这些所谓的单元化企业具有自我组织、自我优化、面向目标、动态运行和充满活力的特点，能够实现供应链业务的快速重组。

（四）协调性原则

供应链业绩的好坏取决于供应链合作伙伴关系是否和谐，因此，建立战略伙伴关系的合作企业关系模型是实现供应链最佳效能的保证。和谐性决定了系统能否充分发挥系统成员和子系统的能动性、创造性及系统与环境的总体协调性。只有和谐而协调的系统才能发挥最佳的效能。

（五）动态性原则（不确定性原则）

不确定性在供应链中随处可见，许多学者在研究供应链运作效率时都提到了不确定性问题。不确定性的存在导致需求信息的扭曲，因此，要预见到各种不确定因素对供应链运作的影响，减少信息传递过程中的信息延迟和失真。增加透明性，减少不必要的中间环节，提高预测的精度和时效性，对降低不确定性的影响都是极为重要的。

（六）创新性原则

创新设计是系统设计的重要原则，没有创新性思维，就不可能有创新的管理模式，因此，在供应链的设计过程中，创新性是一个很重要的原则。要产生一个创新的系统，就要敢于打破各种陈旧的思维框框，用新的角度、新的视野审视原有的管理模式和体系，进行大胆的创新设计。

进行创新设计，要注意几点：一是创新必须在企业总体目标和战略的指导下进行，并与战略目标保持一致；二是要从市场需求的角度出发，综合运用企业的能力和优势；三是发挥企业各类人员的创造性，集思广益，并与其他企业共同协作，发挥供应链整体优势；四是建立科学的供应链和项目评价体系及组织管理系统，进行技术经济分析和可行性论证。

（七）战略性原则

供应链的设计应有战略性观点。从实现企业战略的角度考虑，供应链系统应成为实现企业战略目标的载体，因此战略性原则要体现在供应链发展的长远规划和预见性上。供应链的系统构成和发展应和企业的战略规划保持一致，并在企业战略指导下进行。

三、基于多代理的集成供应链设计方法

（一）基于多代理的集成供应链模式

随着信息技术的发展，供应链不再是由人、组织简单组成的实体，而是以信息处理为核心，以计算机网络为工具的人—信息—组织集成的超智能体。基于多代理的集成供应链模式（见图 3.1）是涵盖两个世界的三维集成模式，即实体世界的人—人、组织—组织集成和软体世界信息集成（横向集成），以及实体与软体世界的人—机集成（纵向集成）。

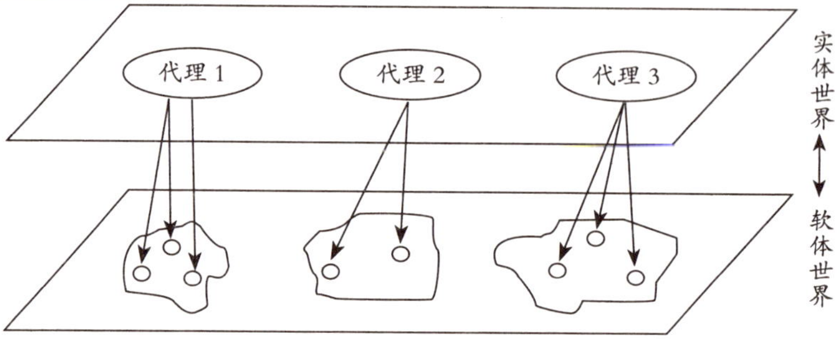

图 3.1　基于多代理的集成供应链模式

（二）动态建模的基本思想

动态建模的基本思想如图 3.2 所示。动态建模需要多种理论方法的支持，其基本流程为：多维系统分析→业务流程重构→建模精细化→集成协调→控制。在建模中并行工程思想贯穿于整个过程。

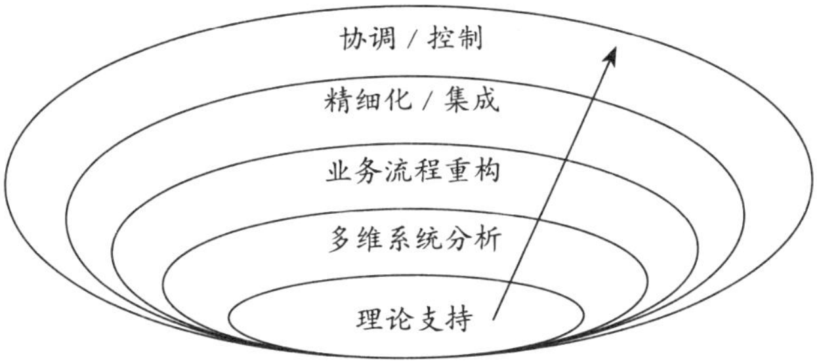

图 3.2 动态建模的基本思想

（三）建模方法

基于多代理的集成供应链的建模方法主要有基于信息流的建模方法、基于过程优化的建模方法、基于案例分析的建模方法以及基于商业规则的建模方法等。

过程优化思想在 BPR 建模中得到应用，并且 BPR 支持工具成为 BPR 研究的一个重要内容。过程优化最关键的是过程诊断，即甄别各种业务过程存在的问题，可采用基于神经网络的企业过程诊断法、基于物元理论的系统诊断法以及变化矩阵法。集成化动态建模过程包含的基本要素如图 3.3 所示。

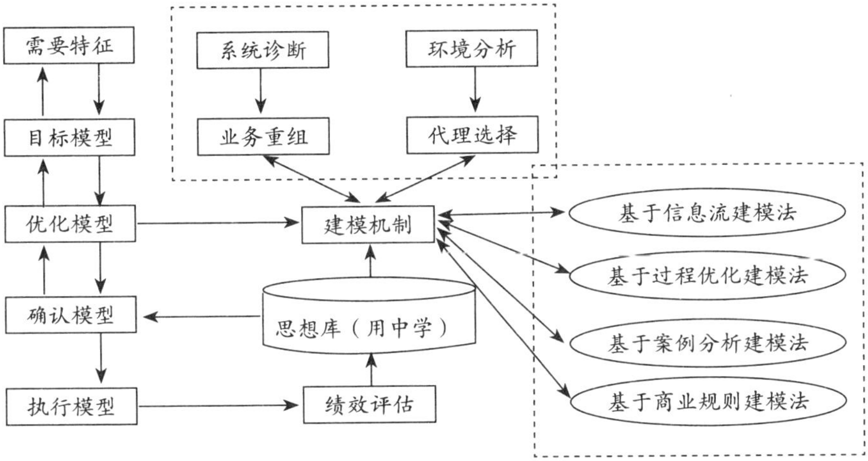

图 3.3 集成化动态建模过程包含的要素

四、在产品开发的初期设计供应链

在一些高科技型企业，如惠普公司，产品设计被认为是供应链管理的一个重要因素，众多学者都提出了为供应链管理设计产品的概念。为供应链管理设计产品的目的在于设计产品和工艺，以使供应链相关的成本和业务得到有效的管理。人们越来越清楚地认识到供应链中生产和产品流通的总成本最终取决于产品的设计。因此，必须在产品开发设计的早期就开始考虑供应链的设计问题，以获得最大化的潜在利益。

第二节　基于产品的供应链设计的步骤

基于产品的供应链设计的步骤可以归纳为图 3.4。

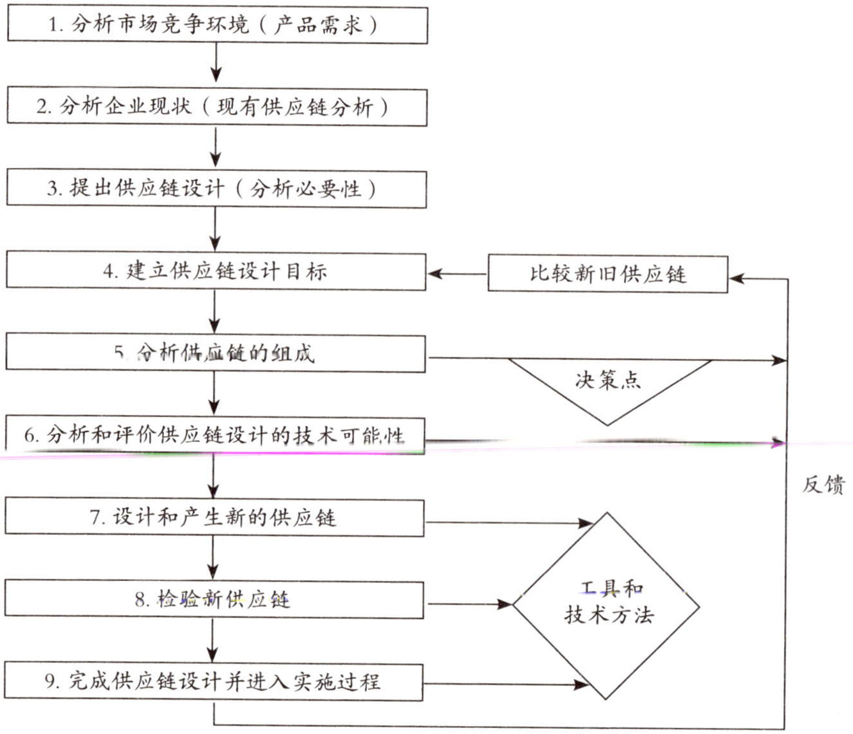

图 3.4　基于产品的供应链设计的步骤

一、分析市场竞争环境

分析市场竞争环境的目的在于找到针对哪些产品市场开发供应链才有效，为此必须知道现在的产品需求是什么、产品的类型和特征是什么。分析市场特征要对卖主、用户和竞争者进行调查，提出诸如“用户想要什么”“他们在市场中所占的份额有多大”之类的问题，以确认用户的需求和因卖主、用户、竞争者而产生的压力。此外，对于市场的不确定性也要进行分析和评价。

二、分析企业现状

主要分析企业供需管理的现状（如果企业已经有供应链管理，则分析供应链的现状）。这一步骤的目的不在于评价供应链设计策略的重要性以及是否合适，而是着眼于研究供应链开发的方向，分析、找到并总结企业存在的问题以及影响供应链设计的阻力等因素。

三、提出供应链设计

这一步骤是针对存在的问题提出供应链设计项目，分析其必要性。

四、建立供应链设计目标

这一步骤是根据基于产品的供应链设计策略提出供应链设计的目标。主要目标在于取得高用户服务水平和低库存投资、低单位成本两个目标之间的平衡（这两个目标往往有冲突），还应包括以下目标。

①进入新市场；

②开发新产品；

③开发新分销渠道；

④改善售后服务；

⑤提高用户满意度；

⑥寻找新的供应商；

⑦降低成本；

⑧通过降低库存提高工作效率；等等。

五、分析供应链的组成

供应链中的成员组成分析主要包括各类供应商、制造商、分销商、零售商及用户的选择及其定位，以及确定选择与评价的标准。

六、分析和评价供应链设计的技术可能性

这不仅是某种策略或改善技术的推荐清单，也是开发和实现供应链管理的第一步，它在可行性分析的基础上，结合本企业的实际情况，为开发供应链提出技术选择建议和支持。这也是一个决策的过程，如果决策者认为方案可行，就可进行下面的设计；如果不可行，就要重新进行设计。

七、设计和产生新的供应链

这一步骤主要解决以下问题。

①供应链的成员组成（供应商、制造商、分销中心的选择与定位、计划与控制）；

②原材料的来源问题（供应商、物料流量、价格、运输等问题）；

③生产设计（需求预测、生产产品选择、生产能力、分销中心选择、价格、生产计划、生产作业计划和跟踪控制、库存管理等问题）；

④分销任务与能力设计（产品市场定位、运输、价格等问题）；

⑤信息管理系统设计；

⑥物流管理系统设计；等等。

在供应链设计中，要广泛地应用多种工具和技术，包括归纳法、流程图、模拟和设计软件等。

八、检验新供应链

供应链设计完成以后，应通过一定的方法、技术进行测试检验或试运行。如有问题，则返回第四步进行重新设计。

九、完成供应链设计并进入实施过程

如果没有什么新的问题，就可进入供应链管理的实施过程了。在实施过程中出现问题，再根据新的情况进行调整。

第三节　供应链物流网络布局的优化方法

一、物流网络布局概述

如前所述，供应链设计中的一个重要环节就是物流网络布局与选址（以下简称“物流网络选址”）设计。因此，近年来物流网络选址的理论与方法发展都很迅速，各种不同的选址方法越来越多。特别是随着电子计算机的广泛应用，进一步促进了物流网络选址问题的研究与实际应用，为不同方案的可行性分析提供了强有力的手段。各种各样的选址方法概括起来可分为三大类。

（一）解析方法

解析方法是通过数学模型进行物流网络选址的方法。采用这种方法时，首先根据问题的特征、外部条件和内在联系建立数学模型或图解模型，然后对模型求解，获得最佳布局方案。解析方法的特点是能获得精确的最优解，但是这种方法对某些复杂问题难以建立恰当的模型，或者由于模型太复杂使求解困难，或者要付出相当高的代价，因而这种方法在实际应用中受到一定的限制。

采用解析方法建立的模型通常有微积分模型、线性规划模型和整数规划模型等。解决某个问题究竟应建立什么样的模型，要具体分析确定。

（二）计算机模拟方法

网络布局的模拟方法是将实际问题用数学方程和逻辑关系的模型表示出来，然后通过模拟计算和逻辑推理确定最佳布局方案。这种方法比用数学模型找解析解简单。采用这种方法进行网络布局时，分析者必须提供预定的各种网络组合方案以供分析评价，从中找出最佳组合。因此，决策的效果依赖于分析者预定的组合方案是否接近最佳方案，这也是该方法的不足之处。

（三）启发式方法

启发式方法是针对模型的求解方法而言的，是一种逐次逼近最优解的方法。这种方法对所求得的解进行反复判断、实践修正直至决策者满意为止。启发式方法的特点是模型简单，需要进行方案组合的个数少，因此便于寻求最终答案。此方法虽不能保证得到最优解，但只要处理得当，可获得令决策者满意的近似最优解。

用启发式方法进行网络布局时，一般应包括以下几个步骤。

①定义一种计算总费用的方法；

②拟定判别准则；

③规定方案改选的途径；

④建立相应的模型；

⑤迭代求解。

二、物流网络布局的数据收集

开展网络布局工作需要一个包含各种各样数据的数据库。尽管有些数据专门用于某些特殊的网络结果问题，但数据库的大部分数据是通用的。这些数据包括（但不限于）以下信息。

①产品线上所有产品的清单；

②客户、存储点和供货点的位置；

③处于不同位置的客户对各种产品的需求；

④运输费率或运输成本；

⑤送货时间、订单传输时间和订货履行率；

⑥仓储费率或仓储成本；

⑦采购 / 生产成本；

⑧不同产品的运输批量；

⑨不同地点、不同产品的库存水平；

⑩控制库存的方法；

⑪订货的频率、订单规模、季节性特征和订单的内容；

⑫订单处理成本以及产生订单处理成本的环节；

⑬资金占用成本；

⑭客户服务目标；

⑮现有设备和设施的能力限制；

⑯当前满足销售需求的分销能力；

⑰分销渠道的构成及运营状况。

这些数据可以从不同的渠道获得，如企业的财务报表、各类运营报告、咨询机构发布的报告、政府的政策以及公开出版物披露的消息等。另外，还可以参考同行业最优秀企业的做法，为本企业找到追赶的目标。

（一）数据汇集

由上面所列的数据清单可知，任何最优化模型所涉及的数据量都是巨大的。例如，一个典型的软饮料系统拥有 10000 ～ 120000 个客户。同样，在一个零售物流网络中，如沃尔玛或苏宁，流经网络的不同产品有成千上万甚至几十万种。

正是由于这个原因，数据汇集是必不可少的。数据的汇集必须遵循两个标准。

第一，采用网格或其他集合技术，把邻近的顾客汇集在一起。在一个单元格或集合中的所有顾客可以用位于单元格或集合中心的单个顾客来代替，这个单元格称为一个顾客区。一种非常有效的常用技术是数据地理编码。许多研究表明，把顾客区划分成 150 ～ 200 个区，并保证每个区的总需求量大致相等，预测误差通常不超过 1%。

第二，根据以下标准把产品划分成合理数目的产品组。将共用同一配送渠道的产品分在一组，而将不能使用同一配送渠道的产品另列一组。通常的产品编组是将那些订货量大、需要直接以大批量运到客户所在地的产品归为一组，而将订货量小、需要经仓库系统转运的产品归为另一组。另一种方式是按货物的运输等级分组。网络布局通常要求产品组别不超过 20 个。

（二）估计运输费率

物流网络布局中，运输费率是一个重要问题，所以网络布局的下一步是估计运输成本。大多数运输费率（包括汽车、火车和其他运输方式）的一个重要特点是：运输费率和距离大致呈线性关系，而不与运输批量呈线性关系。估计运输费率时应该了解运输服务的种类，这里把运输分为自有运输和租赁运输。

对于自有运输（通常是卡车）的有效费率，需要了解运营成本以及车辆按什么路线到达送货点或装货点。通常公司会保有运营成本的完整记录，利用这些信息可以估计每库存单位每千米的运输费率。

对于租赁运输，其运输费率的估计与自有运输的方法明显不同。卡车、火车运输的等级费率的特点就是运输费率和距离大致呈线性关系，我们可以利用这一特征，根据起点到终点的距离绘制出运输费率估计曲线。

（三）估计里程

物流网络布局的地理性特征要求物流管理人员掌握各种距离数据。估计运输起止点之间的运输成本时需要知道距离，同时距离也可用来替代时间。估计距离的一般方法有以下两种。

在某些情况下，先在地图上标出计划经过城市街道的卡车运输路径，然后用手动的轮子（该工具可以在许多办公用品商店买到）滚过地图上卡车将实际驶过的街道，这样就能够得到准确的距离数据。

还可以使用简单的直线网格系统，根据坐标，利用毕达哥拉斯定理计算出两点间的直线距离。具体使用毕达哥拉斯定理计算两点间的直线距离的方法可以参考相关资料，这里就不详细叙述了。

（四）物流设施成本

与设施（如仓库）相关的成本可以表示为固定成本、储存成本和搬运成本。固定成本包括所有与流经仓库的材料数量不成比例的成本项目。固定成本通常与仓库规模呈正比例，但不一定是线性的。

储存成本是那些随设施内储存货物数量变化而改变的成本。也就是说，如果某项成本随设施中储存的库存水平增加或减少，该项成本就可以归为储存成本，与平均库存水平成比例关系。

搬运成本是设施吞吐量变化的成本，包括劳动力和搬运工具成本。

（五）库存—仓库吞吐量之间的关系

网络布局中涉及仓库选址，所以必须估计仓库数量、位置和规模的变化对网络中库存水平的影响。因为选址问题就是仓库之间需求调配的问题，所以我们希望能够根据分派给仓库的需求或吞吐量来估计仓库的库存量。

寻找库存—吞吐量关系的办法之一是观察仓库管理人员如何控制库存。库存状态报告是大多数公司常见的报告，该报告按月或周报告网络中每座仓库的库存水平和运输批量。将各仓库的库存水平进行平均并对货运量进行加总，然后描在图上就得到了数据图，最后以能够得到的最佳的数学表达式拟合这些数据就可以得到如图 3.5 所示的库存—吞吐量关系函数曲线。根据分派给现有仓库或新仓库的年需求量，就能用这个函数关系曲线估计出某特定仓库应该持有的平均库存量。

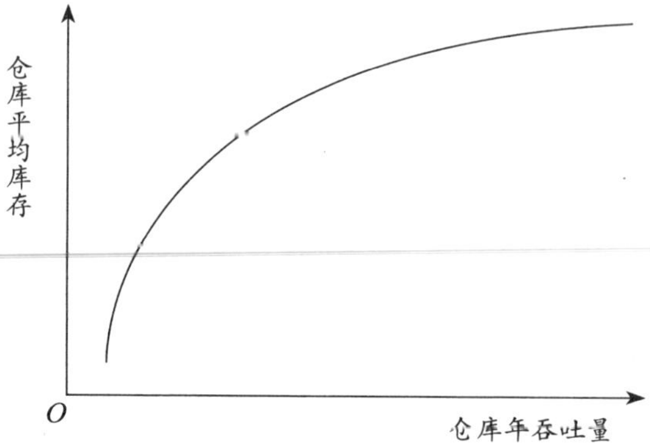

图 3.5 库存—吞吐量关系曲线

（六）服务满意度水平的要求

这里的服务满意度水平是指每个顾客与服务仓储点之间的最大距离，这可以保证各个仓储点能够在合理的时间内为其顾客提供服务。例如，有些顾客在农村或偏僻地区，为他们提供与其他顾客同等的服务水平要困难得多。在这种情况下，把服务水平定义为与指定仓库之间的距离不超过给定值的顾客的数量占顾客总数的百分比。例如，可能要求 95% 的顾客位于仓储点周围 200 千米范围之内。

三、企业供应链物流网络设计

供应链系统的物理表现形式是物流网络。在供应链系统中物流的运动直接关系到整个供应链的成本，因此，供应链系统设计的一个重要方面就是对物流网络的优化。

（一）多级网络优化问题

我们假设有两个工厂 P_1 和 P_2，生产相同的产品供应三个市场。其中，工厂 P_2 的年生产能力是 60000 个产品。为简单起见，假设两个工厂的生产成本相同，两个分销中心 $W1$、$W2$ 也有相同的库存成本。有三个市场 C_1、C_2、C_3，需求量分别为 50000、100000、50000 个产品。每一个工厂到分销中心、分销中心到最终市场的可能路线及单位产品运输成本如图 3.6 所示。我们应该如何安排从工厂到最终消费市场的物流路线，以使总成本最低呢？

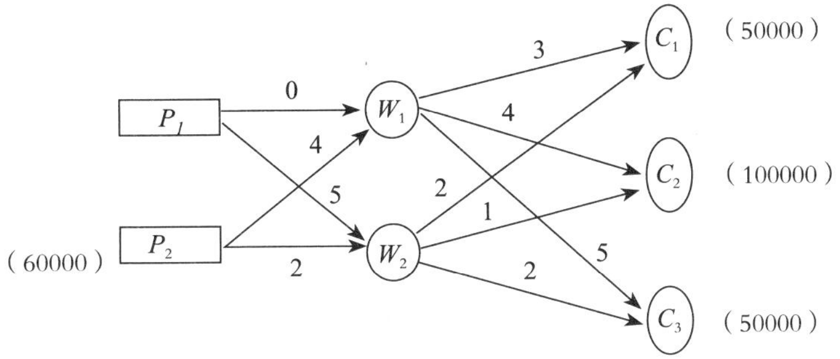

图 3.6　供应链物流网络设计

为了说明优化物流网络的重要意义，先从一般的思考方式出发，根据经验或者直观分析找出可行方案，然后与优化方法进行比较，从而得知物流网络优化设计的重要性。

作为可行的方法，我们首先考虑第一种方法。

对每一个市场，选择从分销中心到需求地成本最低的方案，即 C_1、C_2 和 C_3 由 W_2 供应。

为每一个分销中心选择成本最低的工厂，即从 P_2 得到 60000，剩余的 140000 从 P_1 得到。

这样，该方案的总成本是：

$2\times50000+1\times100000+2\times50000+2\times60000+5\times140000$

$=1120000$（元）

第二种方法：对每一个市场，选择不同的分销中心，使从分销中心获得产品的总成本最低。如对 C_1，有 $P_1\to W_1\to C_1$、$P_1\to W_2\to C_1$、$P_2\to W_1\to C_1$、$P_2\to W_2\to C_1$。当然，成本最低的是 $P_1\to W_1\to C_1$，即用 W_1 供应 C_1。

同样可决定，选择 W_2 供应 C_2 和 C_3。

按这种方案计算出来的总成本是 920000 元。

第三种方法是采用一种优化方法。先建立数学模型，然后利用计算机进行求解。设 P_{u} 为工厂 i 到分销中心 j 的数量（i=1；j=1，2，3），W_{jk} 为分销中心 j 到市场 k 的数量（k=1，2，3）。

目标函数是：

$\min=0\times P_{11}+5\times P_{12}+4\times P_{21}+2\times P_{22}+3\times W_{11}+4\times W_{12}+5\times W_{13}+2\times W_{21}+1\times W_{22}+2\times W_{23}$

需求约束是：

$W_{11}+W_{21}=50000$

$W_{12}+W_{22}=100000$

$W_{13}+W_{23}=50000$

供应约束是：

$P_{11}+P_{12}=140000$

$P_{21}+P_{22}=60000$

分销中心不存留产品，进入分销中心的产品与流出的产品规模相等，即

$P_{11}+P_{21}-W_{11}-W_{12}-W_{13}=0$

$P_{12}+P_{22}-W_{21}-W_{22}-W_{23}=0$

所有变量都大于等于零：

$P_{11}，\cdots，P_{22}\geqslant 0；W_{11}，\cdots，W_{23}\geqslant 0$

将这个数学模型输入计算机优化软件（例如 LINGO），经运算得到如表 3.1 所示的结果（已将结果为零的变量删除）。

表 3.1　计算结果

变量	数值	变量	数值
P_{11}	140000.00	W_{12}	40000.00
P_{22}	60000.00	W_{13}	50000.00
W_{11}	50000.00	W_{22}	60000.00

经整理，得到如表 3.2 所示的结果。

表 3.2　优化结果

IT 和市场 / 分销中心	P_1	P_2	C_1	C_2	C_3
W_1	14000	0	50000	40000	50000
W_2	0	60000	0	60000	0

总成本是 740000 元。

第三种方法得到的结果比方法一的方案节约 34%，比方法二的方案节约 20%，由此可知物流网络优化设计给企业带来的效益是非常可观的。

（二）有能力约束的设施布置问题

假设：

v_j= 在地点 j 布置物流中心的固定费用；

c_i= 从地点 j 的中心满足用户 i 需求所需的费用；

w_{ij}= 用户 i 的需求量；

Q=m 个地点的供货能力。

数学模型是：

$$\min Z=\sum_{j=1}^{m}v_j y_j+\sum_{i=1}^{n}\sum_{j=1}^{m}c_{ij}x_{ij}$$

约束条件为：

$$\sum_{j=1}^{m}x_{ij}=1，j=1，\cdots，m$$

$$\sum_{i=1}^{n}w_i x_{ij}\leqslant Q，j=1，\cdots，m$$

$x_{ij}\leqslant y_i$，i–1，⋯，n；j=1，⋯，m

$x_{ij}\in\{0，1\}$，i=1，⋯，n；j=1，⋯，m

$y_i\in\{0，1\}$，j=1，⋯，m

y_i= 1，工厂设在地点 j；

0，工厂设在其他地点；

x_{ij}= 1，用 j 处的工厂满足用户 i 的需求；

0，用其他地点的工厂满足用户 i 的需求。

例如，有三个设置工厂的备选处 P_1、P_2、P_3，向四个客户需求地点 C_1、C_2、C_3、C_4 提供产品。每个工厂的生产能力、设置工厂的成本以及从不同工厂向不同客户需求所在地供货的成本如下面的数据所示，求最佳的供货网络方案。相关数据如下：

设置工厂的成本：FCOST=91，70，24

每座工厂的生产能力：CAP=39，35，31

每个最终用户的需求量：DEM=15，17，22，12

运费矩阵（元 / 件）：COST=6，2，6，7

4，9，5，3

8，8，1，5

采用优化软件（LINGO）解决上述问题，得到如表 3.3 所示的结果（已去掉变量为 0 的解）。

表 3.3　计算结果

变量	结果	变量	结果
OPEN（P_1）	1.000000	VOL（P_1，C_4）	3.000000
OPEN（P_1）	1.000000	VOL（P_3，C_3）	22.000000
VOL（P_3，C_1）	15.000000	VOL（P_3，C_4）	9.000000
VOL（P_1，C_2）	17.000000		

四、计算机辅助物流网络布局优化决策

计算机辅助物流网络设计的软件水平越来越高。图 3.7 到图 3.9 是一个实际企业物流网络选址决策的应用示例。图 3.7 是该企业“工厂—配送中心—客户”系统的地理分布图。图中的圆圈表示配送中心，三角形表示工厂，大大小小的黑色方块表示客户所在地。

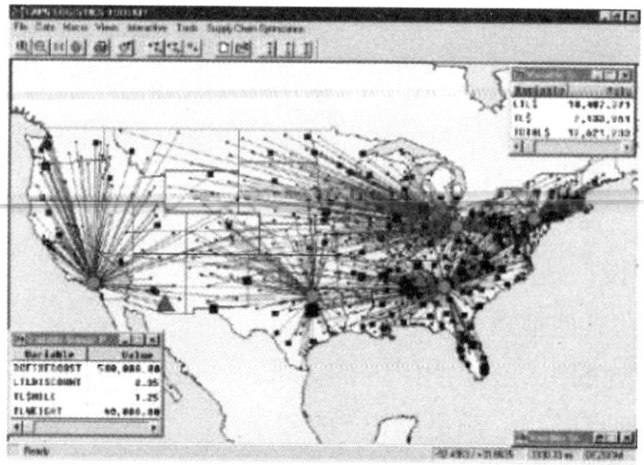

图 3.7　初始物流网络分布图

图 3.8 是某种布局方案。在这种方案下，该企业现行的“工厂—配送中心—客户”设置总成本为 12621293 美元。通过采用某软件公司开发的选址优化软件进行重新设计后，如图 3.9 所示。在这种方案下，该企业的“工厂—配送中心—客户”设置总成本为 10012763 美元。两者相比，后一方案比前一方案节约了 260 多万美元。

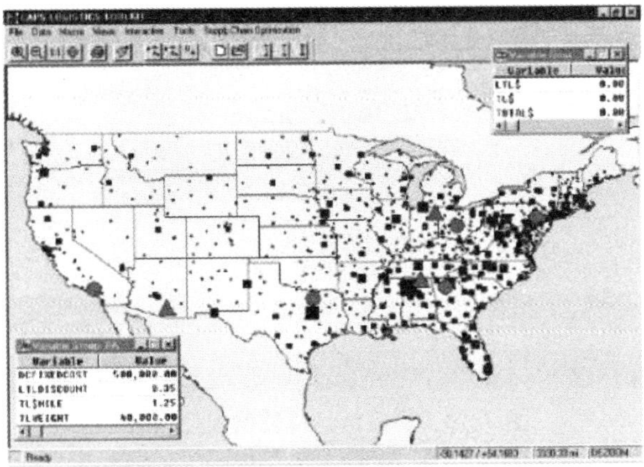

图 3.8　初始物流网络配送示意图

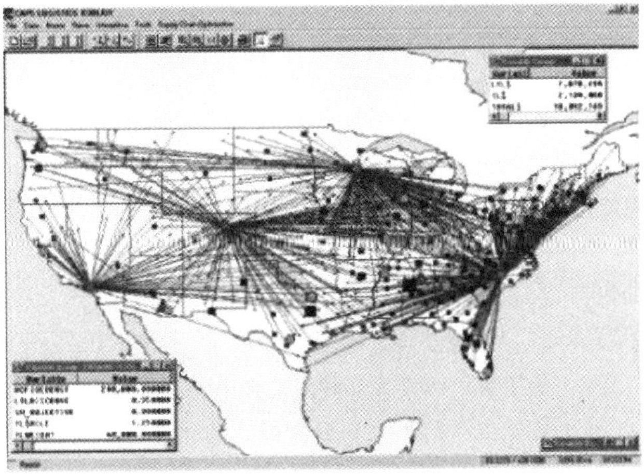

图 3.9　优化后的物流网络配送方案

第四节　供应链运作系统的管理框架模型

供应链体系设计除了要优化设计其物理结构外，还要科学地设计其管理结构。供应链管理运作系统结构框架模型如图 3.10 所示。供应链管理运作系统包含六个基本的供应链功能流程以及相应的支持组织和信息技术。如果将整个模型比作一座房屋的话，那么整个供应链运作的房基就是供应链成员的技术能力和组织框架，它为供应链运作提供了有效而扎实的基础；而集成的供应链绩效评价体系则在整体运作上进行把握和评价，为全系统提供服务，保障供应链在统一的思想下对市场需求做出积极反应，从而减少供应链运作的风险，增强整体指导性；房屋的主体是供应链的实际运作，根据同一供应链的不同阶段而将其分为分销、制造和库存三个层次。

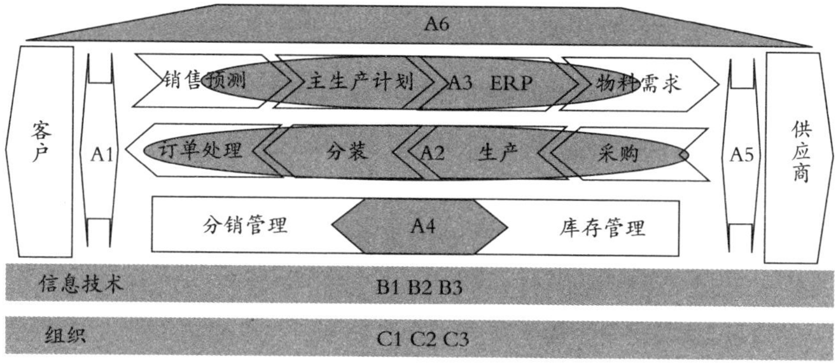

图 3.10 供应链运作结构模型框架

12 个相关的供应链属性的定义如表 3.4 所示。

表 3.4 供应链相关属性的定义

流程运作能力	
A1. 客户需求管理	客户驱动的供应链使得制造商能够加强对客户需求的理解，主动为客户提供解决方案，增加供应链的服务价值，同时顾客化大量生产对于供应链的敏捷性和响应性也提出了更高的要求
A2. 有效物流运作	以最小的成本实现最大的客户价值，满足或超越顾客需求，将客户要求的服务完好地传递给客户
A3. 生产计划 /ERP	生产进度、供应商管理以及销售、运作计划中做到整个系统的产品数量和混合投放的准确性
A4. 准时制 / 精益制造	制造资产的有效产出，同时保证较高的柔性和质量（做到设备可靠、低库存、时间变动小）
A5. 供应商管理	集成核心的供应商和制造商的供应链行为，以实现价值和成本的最优化
A6. 集成绩效评价	确保组织商业目标转化为特定运作以及财务目标，有规律地评价和分析供应链绩效对顾客和供应商的利益增值
信息技术	
B1. 集成信息系统	在同一个信息平台上提高商业数据的质量和时效性及共享度，以提高供应链计划、执行的绩效，达到供应链决策的高度整合与一致
B2. 先进技术	改进工作流效率，以及保证管理供应链的新的方式与技术
B3. 产品设计系统	改进产品设计的思路，将涉及系统建立于整个供应链的管理范畴之中，兼顾客户的需求响应和供应商的参与需求
组织能力	
C1. 集成供应链管理	在两个层次上管理供应链：企业内部供应链绩效管理战略；企业外部供应链绩效管理战略
C2. 团队工作	集中于个体企业的绩效受到外部个体的绩效影响，强调通过团队模式有效解决问题的机制，增加共同高效工作的能力
C3. 敏捷组织结构	跨功能、跨流程的广义的生产组织结构，用以支持业务流程

供应链运作框架试图从战略和运作的角度对供应链管理所涵盖的内容加以诠释，并为供应链的整体集成绩效评价系统的建议提供相关的评价对象和内容。框架强调三方面的因素：业务流程、管理成分和运作的结构。在此，更为注重合作型共同发展的关系，而不是控制行业资源，以实现竞争优势。供应链的运作更多的是围绕有效的分销和采购运作，加强与交易对象的长期合作伙伴关系，以及运作上的集成。

客户驱动的供应链反映了供应链管理的方向。竞争的要求不仅仅是将产品销售给客户，更多的是客户价值的实现，运作不仅仅局限于供应链内部，而且存在供应链外部的价值延伸。为了实现客户的需求，供应链进行生产流程、客户服务以及产品设计创新。有效的分销和精益制造为供应链提供了结构上的整合和价值上的分成。

传统的大量生产一般按对象专业化原则组织生产过程，具有规模大、效率高、成本低的特点。对顾客定制需求的单件小批量生产，则按工艺专业化原则组织生产过程，虽然适应性好，但劳动生产率低，制造周期较长，成本较高。供应链为了扩大市场份额，打破常规的生产流程，将生产流程设计成相互依赖但彼此独立重构的子流程，使之更具专业化和模块化。为了更好地进行生产流程的管理和过程的重用，模块化过程成为一项关键技术。通过将流程划分为能够重用的模块，在很大程度上增强了业务过程的柔性，从而能够更好地满足顾客的需求。由此供应链运作的流程管理进行了流程延迟和流程重排。一旦生产流程得到分解，就有必要就流程序列的重组进行决策。为了将顾客化大量生产的库存降到最低，整个产品族的生产工艺流程必须考虑每个阶段的库存占用状况，将流程延迟到接近顾客需求的发出点，使顾客参与到生产过程中来。

第四章　供应链运作的协调管理

第一节　供应链协调问题的提出

传统上，自发运行的供应链往往会由于多方面原因而处于失调状态。首先，成员之间的目标不一致会造成供应链失调；其次，供应链与外部环境之间、供应链内部成员之间的信息往往是不对称的，因此，它会由于缺乏系统外部信息或系统内部信息而产生外生风险，还会由于成员隐藏行动或隐藏信息而产生内生风险；最后，各成员为了实现自己的利润最大化目标所采取的决策往往与整个供应链利益最大化不一致。凡此种种都会使供应链的运行不能同步进行，由此产生了不协调现象。下面对供应链运行不协调的几种常见现象及其产生的原因做一个简要介绍。

一、“需求变异加速放大”现象及其产生的原因

“需求变异加速放大”现象也被很多人称为“长鞭效应”，它源于英文单词 bullwhip。“需求变异加速放大”现象是对需求信息在供应链传递中被扭曲的现象的一种形象描述。其基本含义是，当供应链的各节点企业只根据来自其相邻的下级企业的需求信息做出生产或供给决策时，需求信息的不真实性会沿着供应链逆流而上，使订货量逐级放大，到达源头供应商时，其获得的需求信息和实际消费市场中的顾客需求信息发生了很大的偏差，需求变异将实际需求量放大了。由于这种需求放大效应的影响，上游供应商往往维持比下游供应商更高的库存水平。这种现象反映出供应链上需求的不同步现象，它说明供应链库存管理中的一个普遍现象——看到的是非实际的。图 4.1 显示了需求放大效应的原理和需求变异加速放大过程。

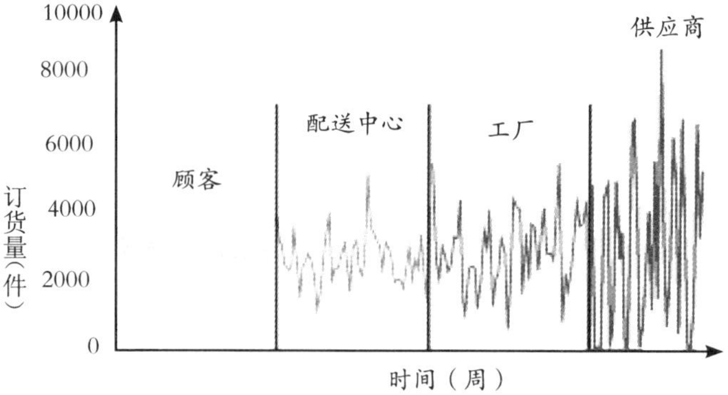

图 4.1　需求放大效应示意图

需求放大效应最先由宝洁公司发现。宝洁公司在一次考察该公司最畅销的产品——纸尿裤的订货规律时，发现零售商销售的波动性并不大，但当它考察分销中心向宝洁公司的订货时，惊奇地发现波动性明显增大了。有趣的是，当它进一步考察宝洁公司向其供应商，如 3M 公司的订货时，发现其订货的变化更大。除了宝洁公司，其他公司如惠普公司在考察其打印机的销售情况时也曾发现这一现象。

实际上，早在 1958 年，弗雷斯特（Forrester）就通过对一个具有四个环节的渠道的研究，揭示了这种工业组织的动态学特性和时间变化行为，发现各自的决策行为导致需求信息被扭曲和放大了。在库存管理的研究中，斯特曼（Sterman）在 1989 年通过"啤酒分销游戏"验证了这种现象。在实验中，有四个参与者，他们形成了一个供应链，各自独立进行库存决策而不和其他的成员进行协商，决策仅依赖其毗邻的成员的订货信息。斯特曼把这种现象解释为供应链成员的系统性非理性行为的结果，或"反馈误解"。

人们对"需求变异加速放大"现象进行了深入研究，将其产生的原因归纳为以下几个方面。

①需求预测修正。需求预测修正是指当供应链的成员采用其直接的下游订货数据作为市场需求信号时，即会产生"需求变异加速放大"现象。举一个简单的例子，当库存管理人员需要决定向供应商的订货量时，可以采用一些简单的需求预测方法，如指数平滑法。在指数平滑法中，未来的需求被连续修正，这样送到供应商手中的需求订单反映的是经过修正的未来库存补给量，为保险起见，经过修正的订货量都是比较大的。

②产品定价策略导致订单规模的变动性。产品的定价策略可以分为两种情况。一种是批量折扣。批量折扣极有可能扩大供应链内订单的批量规模，进而引起供应链上各阶段库存尤其是安全库存的增加。另一种则是由于批发、

预购、促销等因素引起的价格波动。如果库存成本小于由于价格折扣所获得的利益，销售人员当然愿意预先多买，这样订货就不能真实反映需求的变化，从而产生“需求变异加速放大”现象。

③分摊订货成本。由于订货成本及运输的固定成本很高，同时供应商提供批量折扣的优惠，下游企业可能大批量订购产品以分摊订货成本。当大批量订购的产品大大超出需求扩张量时，订单的变动性就会在供应链内放大，使订单量的变动比需求量的变动更加不稳定。

④补货供给期延长。因为补货企业发出订单时，会将两次供货期间的需求计算在内，如果需求的偶然性变动被误认为是一种增长（减少）趋势，订单的变动性将更大。补货供给期越长，计算在内的预测的需求就越多，变动也将更大，“长鞭效应”就越强。

⑤短缺博弈。高需求产品在供应链内往往处于短缺供应状态。这样，制造商就会在各分销商或零售商之间调配这些产品的供给。通用的做法是：当需求大于供应量时，理性的决策是按照用户的订货量比例分配现有的库存供应量，比如当总的供应量只有订货量的 50% 时，合理的配给办法就是所有的用户获得其订货的 50%。此时，用户为了获得更大份额的配给量，故意夸大其订货需求。当需求下降时，订货又突然消失。这种由于个体参与组织的完全理性经济决策导致的需求信息的扭曲最终使需求变异加速放大。

总之，由于缺少信息交流和共享，企业无法掌握下游的真正需求和上游的供货能力，只好自行多储货物。同时，供应链上无法实现存货互通有无和转运调拨，只能各自持有高额库存，从而导致“长鞭效应”。

造成“长鞭效应”的系统原因主要有订货周期和供应链的层次结构，这些系统原因是现有供应链自身无法克服的。

造成“长鞭效应”的非系统原因很多。非系统原因主要是指经营中供应链各成员的有限理性或非理性行为。一般认为，由于各成员之间信息不能有效共享，所以体现为各成员的个体优化的行为。然而对于整条供应链来说，这往往不是最优决策。这些理性或非理性行为包括需求信息处理方式、批量订货决策、订货方式、短缺博弈、价格变化、运营水平等。另外，下游经销商的需求预测修正也是非系统原因之一。

二、“曲棍球棒”现象及产生的原因

在企业实现供需活动过程中，存在一种“曲棍球棒”现象，即在某一个固定的周期（月、季或年），前期销量很低，到期末销量会有一个突发性的增长，而且这种现象在企业生产和经营活动中会周而复始地出现，其需求曲线的形状类似于曲棍球棒，如下图 4.2 所示。这种现象在许多公司非常明显，其管理者甚至认为这是他们的供应链所面临的最大问题。这种现象对公司的生产和物流运作都非常不利，导致每个生产周期的期初生产和物流能力大量闲置，但是到了期末又会出现能力的紧张甚至短缺。

（一）“曲棍球棒”现象实例

某国际著名的食品公司在中国的生产厂，年产饮料 20 多万吨，产值约 5 亿元。与其他快速消费品一样，工厂采用 MTS 生产方式，其生产的产品主要在湖北省销售，按不同的品牌和包装计算。该公司共有 20 多种规格的产品，不同的包装规格可以按照统一的容量标准换算为标准箱。公司将销售区域按地理位置进行了划分，并指定一名销售人员负责一个区域，区域内一般有几个到十几个经销商。公司与行业内的其他公司一样，根据经销商的每月累计订货量向其提供一定的返利，但双方事先通过销售契约约定了一个目标订货量，经销商的累计订货量必须达到或超过这个数量，才能拿到相应的返利。公司采用 4—4—5 的统计方式（即每季前 2 个月按 4 周计，第 3 个月按 5 周计）。

为了便于观察，这里将该厂 2005 年和 2006 年日销售出库量按时间序列绘成了曲线图，如图 4.2 所示。

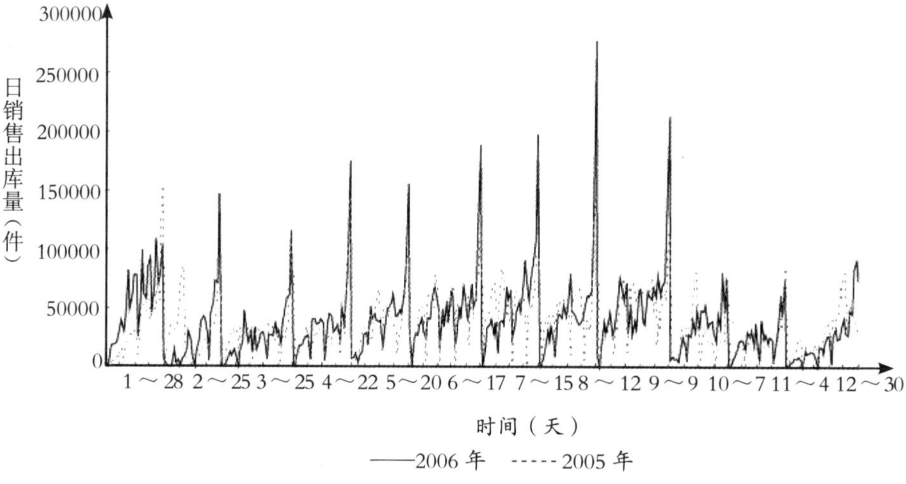

图 4.2　2005 年、2006 年某公司全年每日销售出库量变化趋势图

从图 4.2 可见，每月月初销售出库量很低，月中逐步增加并达到相对均衡，月底则急剧增加。因为图 4.2 中的图形就像曲棍球运动中击球杆的形状，所以被形象地称为“曲棍球棒”现象。

较早提到“曲棍球棒”现象的学者认为，公司对销售人员的周期性考评及激励政策造成了这种需求扭曲的现象。在公司的营销系统中，为了激励销售人员努力工作，通常会为他们规定一个固定的工资和一个销量的目标，如果销量超过了这个目标，就能够拿到奖励的佣金，超出目标越多，佣金也越多。如果销量在目标以下，就只能拿固定的工资。销售人员非常聪明，他们在考核期限未到时，会看看不努力能够卖多少，如果什么都不干就能达到目标当然是最理想的。但是快到期末的时候，他们就会觉得不努力不行，如果离目标还有一定的距离，他们就会拼命地干。由于大家都拼命地干，订单就会非常多。

在快速消费品行业，“曲棍球棒”现象非常普遍和明显。在这个行业，销售人员一般负责某个指定区域的销售工作，区域内有几个到十几个经销商，公司对销售人员的薪资政策如上所述。此外，这些公司为了促使经销商长期更多地购买，普遍采用一种称为总量折扣的价格政策，这种促销政策也是造成“曲棍球棒”现象的一个根源。在营销战略中，价格折扣往往被公司用来作为提高分销渠道利润和抢占市场份额的利器。在较长的时期内，公司主要采用基于补货或订单批量的折扣方式；但是在近 10 年，基于买方在某一固定周期（月、季、年）内的累计购买量的折扣方式开始流行起来。

（二）“曲棍球棒”现象对公司营运的影响

“曲棍球棒”现象的存在给公司的生产和物流运作带来了很多负面的影响。在这种情况下，公司在每个考核周期的期初几乎收不到经销商的订单，而在临近期末的时候订货量又大幅增加。对于运用 MTS 生产模式的公司来说，为了平衡生产能力，必须按每期的最大库存量而非平均库存量建设或租用仓库，从而使公司的库存费用比需求均衡时高很多。而且，这种现象使公司大量的订单处理能力、物流作业人员和相关设施、车辆在期初时闲置，而在期末，大家手头的工作又太多，拼命加班也处理不完，厂内搬运和运输的车辆不停运转，但有时还是短缺，从而不得不从外部寻求支援。这种情况不仅使公司加班更多、物流费用更高，而且导致工作人员的差错率增加，送货延误的情况时有发生，公司的服务水平显著降低。对于运用 MTO 和准时制生产模式的公司来说，“曲棍球棒”现象的危害更大，其生产能力在期初由于没有订单而闲置，而在期末又由于生产能力的限制而出现供应短缺，甚至会影响部分经销商对某些产品的正常需求，从而导致部分终端客户的流失。

此外，基于总量折扣的价格政策并不能增加终端客户的实际需求，经销商增加的订货量大部分积压在渠道中，延长了终端顾客所购买产品的货龄，从而使消费者的福利受损，并增加了供应链的总成本及供应链成员的经营风险。而且，如果经销商的库存太多，或者产品临近失效期，经销商通常会采取两种措施：一种是折价销售，这种方式会对市场造成冲击；另一种是迫使公司退货或换货，从而形成逆向物流，增加公司与经销商处置产品的费用。从长远来看，这两种结果对公司和经销商的正常经营和营利都不利。

三、双重边际效应

“双重边际效应”是供应链上下游企业为了谋求各自收益最大化，在独立决策的过程中确定的产品价格高于其生产边际成本的现象。如果下游企业的定价过高，必然会造成市场需求的萎缩，导致供应链总体收益下降。早在1950年就有学者发现了“双重边际效应”。1950年，斯彭格勒（Spengler）发表了一份研究报告，指出零售商在制定库存订货决策时并不考虑供应商的边际利润，因此导致批量很小而达不到优化的水平。

企业个体利益最大化的目标与整体利益最大化的目标不一致，是造成“双重边际效应”的根本原因。为了减弱这种效应，就要努力提高供应链的协调性，尽可能消除不协调因素的影响。

另外，自20世纪90年代以来，随着信息技术的广泛运用，客户对产品和服务的需求更加多样化，以及服务竞争和基于时间的快速响应竞争日益加剧，导致企业之间的依存度不断提高。企业单打独斗的局面发生了转变，由众多企业组成的供应链已经成为竞争的主体。

实现供应链的协同是供应链成功的关键，然而供应链的协调并不是以牺牲某一个体的利益去提高其他个体或系统的利益，而是以实现双赢甚至多赢为目标，即至少要使得改变后个体或者系统的利益不低于以前的利益，也就是所谓的帕累托优化。

作为一种能够实现供应链协调的有效机制，供应契约得到了广泛的研究。帕斯特纳克（Pasternack）比较早地提出了契约的概念，他使用单周期报童模型研究了回购契约，指出当供应商允许零售商以部分退款返回过剩产品时，可以在一定程度上实现渠道的协调。

随着对契约关注的日益增加，越来越多的学者以帕斯特纳克的研究为基础，希望在供应链上下游之间通过协商达成最佳（或满意）的契约参数，设计合理的供应契约形式实现供应链的协调，从而有效地解决“双重边际效应”和“长鞭效应”等现象，在最大化供应链的整体利润的同时，优化供应链绩效。

供应链运作不协调的现象和原因还有很多，这里就不一一阐述了。从以上三种现象的描述就可以看出，如果不能很好地解决这些问题，供应链管理的绩效水平就会大打折扣，进而影响人们实施供应链管理的信心。

第二节　提高供应链协调性的方法

一、缓解“长鞭效应”的方法

（一）提高供应链企业对需求信息的共享性

需求扭曲的原因来源于多级供应链需求信息的传递，每一个节点企业的预测需求均成为上游节点企业订货决策的放大因子，并且具有积累效应。消除需求信息扭曲的方法是：供应链上的每一个节点企业必须在自身的需求中消除下游节点企业订货决策对上游企业的影响，这就要求供应链上的每个节点企业只能根据最终产品市场的实际需求进行自身的需求预测，此时消费者市场的实际需求信息必须被供应链上的每一个环节共享。

（二）科学确定定价策略

解决由价格下降导致的“长鞭效应”，要求供应商采取每天低价策略和分期供货契约策略，前者通过价格的持续性、后者通过供货的阶段性来抑制市场价格的波动，减少“长鞭效应”对上游企业的影响。

（三）提高运营管理水平，缩短提前期

企业在传统运作方式下通过确定经济订货量来降低成本，而订货提前期对库存相关成本的影响是很大的。缓解因批量订购而出现的“长鞭效应”的影响，缩短订货提前期是关键。这对供应链管理提出了新的要求，一是要求需求方通过增加订货次数，以最低的订货成本快速地将需求传递给供应商。通常可以通过 EDI 技术或订货看板技术来实现，但应用这些技术的前提条件是：组成供应链系统的企业具有基于网络信息的伙伴关系，供应链是稳定的战略联盟。二是要求小批量的物流传递可以低成本完成，实现的方法只能是通过第三方物流的配送优化系统。而在引入第三方物流企业后，存储成本是可以减少甚至消除的。第三方物流企业通过供应链及时、准确、高效的配送体制，使供应链节点企业实现最低库存，从而大大降低成本。

（四）提高供应能力的透明度

现代供应链企业应通过共享生产能力与库存信息，采取风险共担、利益共享的策略来应对供应短缺所导致的“长鞭效应”。实际上，这种策略最终导致联合库存管理的出现。联合库存管理强调多方同时参与，共同制订库存控制计划，使供需双方能相互协调，使库存管理成为供需双方连接的桥梁和纽带，从而缓解“长鞭效应”。

（五）建立战略性合作伙伴关系

通过实施供应链战略性合作伙伴关系可以消除“长鞭效应”。供需双方在战略联盟中相互信任，公开业务数据，共享信息和业务集成。这样，双方都了解对方的供需情况和能力，避免了短缺情况下的博弈行为，从而减少了产生“长鞭效应”的机会。

二、缓解“曲棍球棒”现象的方法

在快速消费品行业，公司通常会经营不同品牌和不同包装规格的多种产品。为了消除“曲棍球棒”现象，平衡物流，公司可以采用总量折扣和定期对部分产品降价相结合的方式。假定公司向经销商提供两种规格的产品，在经销商的两种产品月累计进货量达到一定的数量以后，公司根据该数量向经销商提供一定的返利，即总量折扣的价格折扣政策。在具体运用这个政策时，公司可以适当降低返利率，然后在考核周期的初期降低其中一种产品的转让价格，期中再将其价格调高。在这种政策下，经销商为了投机，会在期初多订降价产品，而在期末为了拿到返利而增加另一种产品的进货，期中则进行正常补货，其订货量相对均衡，从而缓和公司出库中的周期性“曲棍球棒”现象，使其销售物流更为平稳，以减轻公司库存和物流压力，提高物流运作的效率和效益。这种方式还能够使经销商在不同时期的订货比较单一，减少双方订单处理的工作量，并增加公司单品的生产批量，从而提高生产的规模效益，减少转产的频次。

除了以上方法，公司还可以对不同的经销商采用不同的统计和考核周期，让经销商的这种进货行为产生对冲，以缓和公司出货中的“曲棍球棒”现象。公司通过延长考核周期可以减少“曲棍球棒”现象出现的频率，而通过缩短考核周期可以降低出库波动的幅度。此外，通过与经销商共享需求信息和改进预测方法，公司能够更准确地了解经销商的外部实际需求，从而在设计折扣方案时，尽可能让折扣点与经销商的外部需求一致或略高，这样也能够缓和“曲棍球棒”现象。当然，最好的方法是：公司能够根据每期经销商的实际销量提供折扣方案，但由于信息不对称，公司很难了解经销商的实际销售情况，或需要付出很大的人力和物力去调查和统计数据，可能会得不偿失。

第三节　供应链的激励问题

一、供应链激励问题的提出

第二节提供了缓解“长鞭效应”或者“曲棍球棒”现象对供应链的不良影响的主要措施，这些措施对提高供应链运作的协调性具有重要的意义。但是，供应链管理的实践与理论研究证明，即使减少了“长鞭效应”或者“曲棍球棒”现象对供应链的不利影响，也不能保证供应链整体绩效实现最佳收益。在大多数情况下，供应链成员总是先关心如何优化企业自身的绩效，然后才去考虑供应链的整体绩效，这种自我优化意识导致了供应链的低效率与不协调。“双重边际效应”就是这一现象的表现。因此，如何消除“双重边际效应”的影响，就成为解决了“长鞭效应”和“曲棍球棒”现象之后的又一重要任务。解决“双重边际效应”需要供应链企业间的合作和信息共享，但是，由于在供应链成员间缺乏组织机构进行有效的监督，传统的控制机制无法在供应链管理中发挥作用，不能通过行政手段解决“双重边际效应”问题。在这种情况下，只能通过在供应链企业间建立激励机制，以保证成员企业间形成更紧密的战略伙伴式的联盟，使合作伙伴共担风险、共享收益，企业利益与供应链的整体目标协调一致，从而提高供应链的整体竞争优势。

下面讲述一个简单的供应链系统。该供应链系统由一个制造商和一个零售商组成，如图 4.3 所示。制造商生产的产品按 122 元 / 件批发给零售商，该产品的市场零售价格为 180 元 / 件。如果零售商订货过多，每件没有卖出去的产品只能按 18 元 / 件的残值价格处理掉。制造商的生产成本为 44 元 / 件。市场对该产品的需求分布如表 4.1 所示。

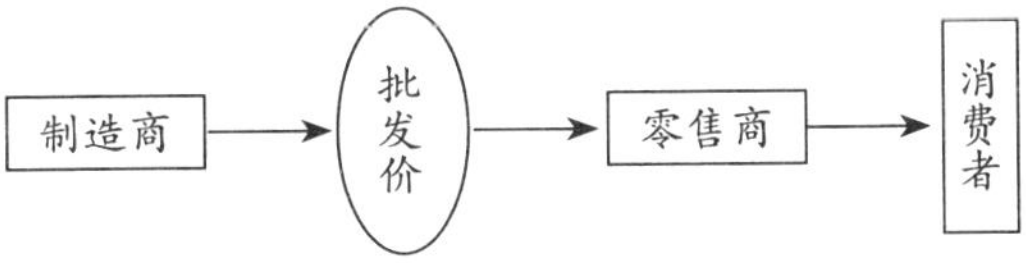

图 4.3　由一个制造商和一个零售商组成的供应链

表 4.1　市场需求概率分布

需求量（件）	需求概率密度	需求量（件）	需求概率密度
400	0.00	900	0.19
500	0.04	1000	0.18
600	0.10	1100	0.10
700	0.20	1200	0.05
800	0.29	1300	0.00

从上面描述的制造商与零售商之间的交易方式不难看出，当制造商以一定的批发价将产品交付给零售商后，制造商的收益就得到了保证，因为产品出厂以后，所有权就属于零售商了，至于能否销售出去，制造商是不会关心的。由于这种批发价交易机制只能保证供应链上游企业的利益，风险都集中到了零售环节，所以零售商为了保证自己的利益，在向制造商订货时，就会按照最有利于自己的订货策略发出订单。如本例，根据以上数据，不难看出，在零售商订货决策的临界状态，如果零售商多订一件产品并卖出去了，他的收益是 58 元，但如果多订一件产品且没有卖出去的话，他的损失是 104 元。如果我们假定销售出去与否的概率相同，零售商的期望风险将大于期望收益。于是，零售商就会把订货的数量向减少一件的方向移动，于是整个供应链也就少一件的收益。据此不难计算出，零售商的期望利润最大时的订货量为 800 件，当然也就能够确定制造商的利润水平，如图 4.4 所示。此时，零售商的期望利润是 43494 元，制造商的利润是 62400 元，整个供应链的利润是 105894 元。

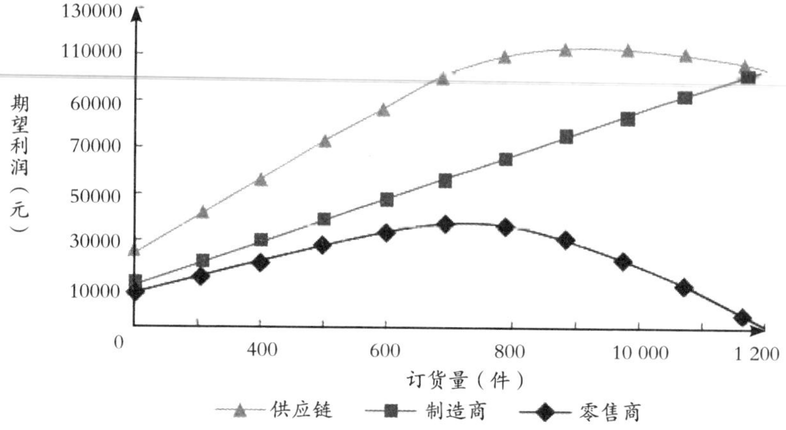

图 4.4　传统批发价契约下的期望利润示意图

站在制造商的角度，他一定希望零售商尽可能多地订货，但是在上述传统合作机制下，零售商是没有任何动力冒着自己承担整个供应链的风险增加订货量的。制造商应该如何说服零售商尽可能多地增加订货量呢？这就需要有一个对零售商进行激励的机制，这就是供应链协调运作的激励问题。

二、供应契约

在人们所发现的供应链激励机制中，供应契约是最为有效的措施之一。供应契约是指通过合理设计契约，减少合作双方的机会主义行为，促进企业之间的紧密合作，确保有效完成双方的订单交付，保证产品质量，提高用户满意度，降低供应链成本，提高整条供应链的绩效及每一个成员企业的绩效。在设置了相应的契约参数之后，供应契约通过调整供应链成员之间的关系来协调供应链，使分散控制的供应链整体利润与集中系统下的利润尽量相等。即使达不到最好的协调，也要尽可能使每一方的利润至少不比原来少。

一般而言，判断一种契约是否有效，除了考虑它是否拥有良好的协调条款和利润分配条款、能否提高供应链的利润之外，还需要分析该契约是否易于管理和操作。如果契约的设计非常复杂，执行成本相当高，那么即使这种契约能够实现利益最大化，但是由于其执行的复杂性造成了管理费用的增加，甚至超过了利益的增加值，这种契约也不适用。与之相比，管理者宁愿选择一种简单的契约，尽管并不能使供应链达到最优，但只要供应链的运作水平比较高，那么这种简单的契约就是值得采用的。

三、基于供应契约的激励模式

仍以前文的例子为讨论的对象。现在，制造商向零售商提出了一种激励机制。制造商向零售商承诺，如果零售商增加了订货量而没有销售出去，他会以 78 元 / 件的价格将未销售出去的产品回收。这时，零售商考虑的是什么呢？他会分析，如果多订一件产品并且销售出去了，那么他的收益为 180–122=58（元），而如果多订购一件产品但没有销售出去，他的损失是 122–78=44（元）。假定销售出去与否的概率仍然相同，显然此时零售商的期望收益大于期望损失，他就会把订货的决策向增加一件产品的方向倾斜。于是，零售商通过努力将产品销售出去了，不仅他的收益增加了，为 46649 元；制造商的收益也随之增加，为 63277 元；整个供应链的收益也增加了，为 109926 元，如图 4.5 所示。这就是能够使供应链运行达到协调的回购契约。

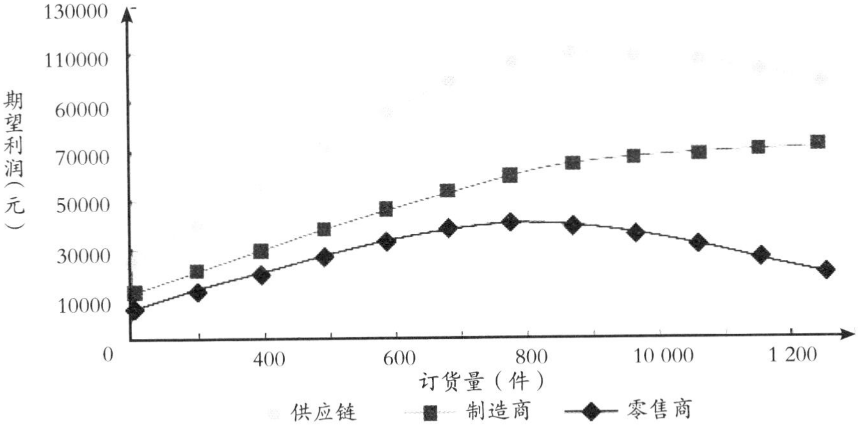

图 4.5　回购契约下的供应链收益示意图

第四节　供应契约概述

一、供应契约的参数

随着对供应契约的日益重视，人们不断建立新的契约模型，深挖原有契约模型的潜在意义，并致力于将供应契约应用到实际管理中。

究其本质，对供应契约的研究离不开契约参数。通过设置不同的参数，可以构建出多种不同的供应契约模型。例如，在契约中研究超储库存的退货问题，就形成了回购契约；在契约中研究供应链利润的分配问题，即为利润共享契约。因此，以不同的契约参数为出发点，就能够以不同类型的供应契约为对象展开研究。

此外，契约参数的具体设定会影响供应契约的作用，例如，数量折扣契约中折扣百分比的设计，最低购买数量契约中最低购买数量限度的确定，以及利润贡献契约中利润分享参数大小的设定等，都会影响供应契约的效果。在供应链合作中，缔结供应契约的目标是优化供应链绩效，提高供应链竞争力，并确保契约双方共同获利。为了实现上述目标，必须在供应链合作双方的谈判过程中设计合理的契约参数，以影响双方的行为和动机。

因此，供应契约的参数设定必须对供应链节点企业起到激励和约束作用，以影响节点企业的行为，促使节点企业之间建立更紧密的合作，使节点企业通过致力于增大整个供应链的利润来增加自身的收益。契约参数是管理供应契约要解决的主要问题，参数的设计已经成为供应契约中最重要的一个环节。

一般而言，供应契约的参数有以下几种。

①决策权的确定。在传统合作模式下，契约决策权的确定并不是一个非常重要的因素，几乎每个企业都有自己的一套契约模式，并且按照该模式进行日常的交易活动。但是在供应链管理环境下，供应契约决策权的确定发挥着相当重要的作用，因为在供应契约模式下，合作双方要风险共担、利润共享。

②价格。价格是契约双方最关心的内容之一，价格可以表现为线性的形式（按比例增长或者下降）或者非线性的形式。合理的价格使得双方都能获利。卖方在不同时期、不同阶段会有不同的价目表，一般都会随着订货量的增大和合作时间的延长而降低，以激励买方重复订货。

③订货承诺。买方一般根据卖方的生产能力和自身的需求量提出数量承诺。订货承诺大体有以下两种方式：一种是最小数量承诺，另一种是分期承诺。对于单个产品，最小数量承诺意味着买方承诺其累计购买量必须超过某特定数量，即最低购买数量；对于多品种产品，进行最小数量承诺则要求

购买金额超过某最低量，即最低购买价值承诺。使用分期承诺时，买方会在每一个周期开始之前提出该期的需求量。

两种数量承诺方式有明显的区别。从一定意义上说，前者给出总需求量，有利于卖方做好整个契约周期内的生产计划，然而一旦市场发生变化，绝大部分市场风险便转移到卖方身上；后者则要求买方在各个期初给出当期的预计订货量承诺，进行了风险共担，使得卖方的风险有所降低，同时迫使买方加强市场决策的有效性。

④订货柔性。任何时候买方提出数量承诺，卖方一般都会提供一些柔性，以调整供应数量。契约会细化调整幅度和频率。这种柔性包括价格、数量以及期权等量化指标。这样，一方面，卖方在完成初始承诺后，提供（或不提供）柔性所决定的服务补偿；另一方面，买方从中获得收益，当市场变动影响其销售时，就可以使用柔性机制来避免更大的损失。同时，柔性提供了强有力的约束，使合作双方在契约执行过程中，更多地考虑自身利益、改善经营，从而从长期来看使两者都受益。

⑤利润分配原则。所有企业最根本的目的都是实现利润的最大化，因此，在设定契约参数的时候，利润分配原则通常是企业协商的重点。因此，在高度合作的情况下，如何维护合作双方自身的经济利益不受侵害，同时尽可能努力扩大渠道利润，就成为利润分配所要考虑的问题。

供应契约往往以企业的利润作为建模的基础，在合作双方之间划分供应链的整体渠道收益就是利润的分配问题。供应契约包括按什么原则进行分配，分配的形式是怎样的，以及如何设计利润分配的模型等。

供应链利润的分配原则主要体现为利益共享和风险共担原则。在实际利润的分配过程中，供应链的核心企业有决定性影响，它在供应链成本、交易方式、利润激励等方面都有着举足轻重的作用。此外，主导企业对利润分配的态度还会影响其他企业对合作的积极性以及对供应链利润增值的贡献。

⑥退货方式。从传统意义上讲，退货似乎对卖方很不利，因为它要承担滞销产品带来的风险和成本。但事实上，实施退货政策能有效激励买方增加订货量，从而扩大销售额，增加双方收入。从某种意义上讲，如果提高产品销售量带来的收入远大于滞销产品所带来的固定成本，或者买方有意扩大市场占有率，退货政策给卖方带来的好处就会远远大于其将要承担的风险。

⑦提前期。在质量、价格可比的情况下，提前期是买方关注的重要因素之一。同时，提前期导致需求信息放大，产生“长鞭效应”，这对卖方而言也很不利。因此，有效地缩短提前期，不仅可以降低安全库存水平，节约库存投资，提高客户服务水平，很好地满足供应链时间竞争的要求，还可以减

少“长鞭效应”的影响。

在传统的库存模型中，提前期或被设置为固定值，或用随机变量来表示。其实，将提前期作为变量来调整供应契约时，能够为供应链带来利益。

⑧质量控制。在基于供应链的采购管理中，质量控制主要是由供应商进行的，企业只在必要时对质量进行抽查。因此，关于质量控制的条款应明确质量职责，还应激励供应商提高其质量控制水平。对供应商实行免检，是对供应商质量控制水平的最高评价。契约中应指出实行免检的标准和对免检供应商的额外奖励，以激励供应商提高其质量控制水平。

质量问题是买卖双方谈判的矛盾所在。对于卖方而言，提高原材料或零部件的质量，意味着成本的增加；而对买方而言，只有在价格不变的前提下，保障原材料或零部件的质量，才能提高成品的合格率，增加收益。为此，买方需要在契约的设计中，针对质量条款制定某些激励措施，如进行质量方面的奖励或惩罚等，以达到双赢的目的。

⑨激励方式。对节点企业的激励是使节点企业参与供应链的一个重要条件。为节点企业提供只有参与此供应链才能得到的利益是激励条款所必须表现的。此外，激励条款应包含激励节点企业提高质量控制水平、供货准时水平和供货成本水平等内容，因为节点企业业务水平的提高意味着业务过程更加稳定可靠，费用也会随之降低。

一般而言，有以下几种激励模式可供参考。

第一，价格激励。高价格能增强企业的积极性，不合理的低价会挫伤企业的积极性。供应链利润的合理分配有利于供应链企业间合作的稳定和运行的顺畅。

第二，订单激励。供应链获得更多的订单是一种极大的激励，供应链内的企业也需要更多的订单激励。一般来说，一个制造商拥有多个供应商。多个供应商竞争来自制造商的订单，获得较多订单对供应商是一种激励。

第三，商誉激励。商誉是一个企业的无形资产，对于企业极其重要。商誉来自供应链内其他企业的评价和企业在公众中的声誉，反映了企业的社会地位（包括经济地位、政治地位和文化地位）。

第四，信息激励。信息对供应链的激励实质上属于一种间接的激励模式，如果企业能够快捷地获得合作企业的需求信息，主动采取措施提供优质服务，必然会使供应链合作各方的满意度大为提高。这对合作方建立信任有着非常重要的作用。

第五，淘汰激励。为了使供应链的整体竞争力保持在一个较高的水平，供应链必须建立对成员企业的淘汰机制，而供应链自身也面临被淘汰的风险。

⑩信息共享机制。供应链企业之间任何有意隐瞒信息的行为都是有害的，充分的信息交流是供应链的采购管理能够良好运作的保证。因此，契约应对信息交流提出保障措施，例如规定双方互派通信员和每月举行信息交流会议等，防止信息交流出现问题。

综上所述，契约需要考虑的因素非常多。此外，在契约的签订过程中，还需要考虑众多复杂因素的一些动态的、不断重复的博弈过程。

二、供应契约的分类

（一）按照合作程度划分

按照供应链中节点企业的合作程度，可以将供应契约分为单方决策型和联合决策型供应契约。

在单方决策型供应契约中，买卖双方之一处于主导地位，在做决策时可以不考虑或者较少考虑另一方的利益，双方还没有完全摆脱对立关系。在确定市场需求的情况下，没有完全实现信息共享时，买方的库存、促销策略等是形成卖方风险的主要原因。在不确定市场需求的情况下，卖方的风险一方面来自买方的库存、促销策略，另一方面来自变幻莫测的市场，也就是说，取决于分销商如何把风险转移给供应商。单方决策型供应契约问题在不同需求模式下采用的研究方法有本质的差别。

在联合决策型供应契约中，某一方在进行决策的同时，必须考虑另一方的利益，双方抛开对立关系，强调提高供应链合作伙伴关系的整体运作绩效。在确定市场需求的情况下，联合决策可以减少买方的库存；在不确定市场需求的情况下，联合决策可以对来自市场需求的变化做出快速反应，减少供应链的风险损失。

（二）按照需求的特点划分

按照需求的特点，可以将供应契约分为需求确定型和需求不确定型供应契约。

需求确定型供应契约指的是在市场需求比较稳定的情况下制定的契约。在该环境下，制定供应契约时主要采取数量折扣、定价、货物分配、缩短提前期等协调手段。通常将买卖双方就新增利润的分配方式达成共识时的协调手段，称为有效的协调手段。

需求不确定型供应契约则是指当市场需求波动幅度较大时制定的契约。由于市场需求不确定，这种形式的契约发生变化的频率比较快，契约的协商容易受到市场变化的影响。通常可以使用随机函数来描述不确定性需求，以便研究平均意义下供应链的总体特性。当然，描述不确定性时往往选择正态分布、贝努里分布或泊松分布等相对容易处理的分布形式。随着市场需求的变化，供应链中的节点企业会重新进行协商，对契约参数做出相应调整，以降低需求变化带来的风险。

三、几种常见的供应契约

如前所述，供应契约中有许多参数，将这些参数单独列出或者经过组合就可以形成多种不同类型的供应契约。一般而言，较常见的供应契约包括以下几种。

（一）回购契约

回购契约规定，在销售季末，零售商可以以一定的价格把未售出的产品全部退还给供应商。回购是一种在不确定性需求系统协调中常见的契约方式，既是一种风险分担机制，又能起到激励订购的作用。回购的最大特点在于，它能够较灵活地消除随机需求下系统的“双重边际效应”。通过缔结回购契约，供应商与零售商共同分担市场风险，而刺激零售商订货的措施则能够提高其期望利润。

回购契约往往应用于生产周期较长而销售季节较短的商品交易中，它在时令商品市场（如服装、图书等）中得到了广泛使用。

（二）收入共享契约

在收入共享契约中，供应商拥有货物的所有权，决定批发价格，而收入共享的比例则由零售商决定。对于每一件卖出的产品，零售商根据事先确定的收入共享百分比，从销售收入中扣除自己应当享有的份额，然后将剩余部分交给供应商。

（三）数量折扣契约

按数量折扣契约规定，在一定时期内，供应商根据零售商承诺购买的数量，按照一定的比例对价格进行调整。

数量折扣契约在实际交易中非常普遍，通常使用的方式有两种：全部单位数量折扣和边际单位数量折扣。使用前者时，供应商按照零售商的购买数量，对所有产品都给予一定的价格折扣；而后者只对超过规定数量的部分给予价格折扣。研究发现，在确定性需求或者不确定性需求下，数量折扣适用于风险中性和风险偏好型的零售商。

（四）最小购买数量契约

在最小购买数量契约下，零售商在初期做出承诺，将在一段时期内至少向供应商购买一定数量的产品。通常供应商根据这个数量给予一定的价格折扣，购买产品的单位价格将随着数量的增加而降低。通常零售商承诺在未来一个年度里的最少购买数量，供应商同意以折扣价格提供产品。这种契约在电子产品行业尤为普遍。

最小购买数量契约与数量折扣契约有些类似，不同的是，前者需要做出购买数量承诺，这种承诺并非一次性的，也可以是一段时期或者一个年度内的购买数量总和。

（五）数量柔性契约

交易双方拟定契约，规定每一期内零售商订货量的波动比率。使用数量柔性契约时，零售商承诺一个最小的购买数量，然后可以根据市场实际情况，在最低和最高订货范围内选择实际的订货量。按照契约规定，供应商有义务提供低于最高采购上限的产品数量。这种方式能够有效地遏制零售商故意高估市场需求，从而导致供应链库存增多的不利现象。

（六）带有期权的数量柔性契约

在带有期权的数量柔性契约模式下，零售商承诺在未来各期购买一定数量的产品，同时他还向供应商购买了一个期权。这种期权允许零售商在未来以规定的价格购买一定数量的产品，从而使其获得了调整未来订单数量的权利。

（七）削价契约

削价契约是一种经过改进的回购契约，供应商为了避免零售商将未售出的产品返还给自己会采取一定的价格补贴措施，激励零售商继续保留那些未售出的产品。价格补贴虽然对供应商来说实施起来比较方便，但可能会给予零售商套利的机会，因此必须建立在买卖双方充分信任的基础之上。目前，价格补贴已经广泛应用于 IT 产品的销售中。

价格补贴实质上是一种价格保护策略，是分销商分担零售商过剩库存风险的一种方式。它通过对期末未售出商品进行价格补差来实现，并经常应用价格递减方式实现短生命周期产品的协调。研究表明，价格补贴与回购有很大的相似性，也可实现供应链系统的协调，但针对多零售商时，会出现不能确保各零售商均参与契约的情况，主要原因在于：价格补贴实现协调的条件与客户需求信息无关，仅与买卖双方的成本结构有关。

（八）备货契约

零售商和供应商经过谈判后，双方拟定契约为零售商提供一定的采购灵活性。备货契约的流程为：零售商承诺在销售旺季采购一定数量的产品，供应商按零售商承诺数量的某一比例为其保留产品存货，并在销售旺季到来之前发出所预存的产品。在备货契约中，零售商可以按原始的采购价格购买供应商为其保留的产品，并及时得到货物，但要为没有购买的部分支付罚金。

（九）质量担保契约

质量问题构成了零售商和供应商谈判的矛盾。供应商知道自己生产的质量，拥有信息优势，而零售商却处于信息劣势。由于信息不对称，会产生两个问题：第一，供应商由于不具备提供某种质量的产品的能力，可能会做出错误的质量承诺，零售商不能正确识别供应商的能力，于是产生了错误选择的问题；第二，供应商可能存在恶意的欺骗行为，导致严重的道德问题。为了保证零售商和供应商自身的利益不受侵犯，并保证供应链绩效最优，签订契约的谈判双方必须在一定程度上实现信息共享，运用合作激励机制，设计质量惩罚措施，当供应商提供不合格产品时对其进行惩罚，这就是质量担保契约。

四、供应契约的作用

如前所述，供应契约的类型多种多样，尽管不少契约的理论模型与实际情况存在一定的差距，但其仍然能够为管理者提供审视供应链的决策依据，因而具有极大的管理意义。

在实际运作中，企业使用较为普遍的契约类型有回购契约、收入共享契约和数量折扣契约等。供应契约的使用能给企业带来可观的收益，例如，通过使用收入共享契约，某录像带租赁公司的业务额提高了 75%，市场份额也从 25% 上升到 31%。

使用供应契约，既能克服“长鞭效应”和“双重边际效应”等多种不利影响，有效地实现供应链协调运作，又可以保障供应链企业之间的合作关系。供应契约的作用主要表现在以下几方面。

（一）减少“长鞭效应”的影响

供应链的信息失真导致了“长鞭效应”，这种放大的效应对于供应链企业具有非常大的危害。供应契约可以很好地降低“长鞭效应”的影响，主要表现为：供应契约的签订降低了供应链中的库存。由于供应契约具有柔性和相对稳定的优点，所以在供应链中，每个企业不必像以前那样维持较高的安全库存。

一般而言，企业通常致力于如何实现自身利益的最大化，因此，当需求信息在供应链中逐级放大时，便导致了“长鞭效应”。供应链企业之间的合作将原来的局部优化行为转为整体利益最大化，而供应契约的特性可以使这种合作具体化，防止这种合作行为成为纸上谈兵。

供应链企业之间在确定合作关系之后签订契约，使各节点企业明确了各自的职责。以前供应链的上游总是将下游的需求信息作为自己需求预测的依据，当下游企业订货时，上游企业的经理就会把这条信息作为将来产品需求的信号来处理。基于这个信号，上游企业调整需求预测，向其供应链增加或减少订货，使其供应商也做出相应的调整，这是导致“长鞭效应”的主要原因。现在企业之间签订了供应契约，一方面，下游企业对上游企业的需求数量趋于固定，即使有变动也在供应契约的柔性范围内，对供应和需求的影响不大。这样上游企业不必对下游企业的需求进行预测，从而避免了信息在整条链上产生滞后，防止了“长鞭效应”的产生。另一方面，供应契约可以使供应链上的信息共享程度得到提高，基本上链上的每个节点都可以共享所有的信息，这就避免了一些不必要的预测，避免了“长鞭效应”的产生。

（二）实现供应链系统的协调，消除“双重边际效应”

如前所述，供应链的“双重边际效应”是指当供应链各节点企业都试图最大化自己的利润时，不可避免地损害了供应链的整体利润。供应契约就是为了尽量减少这种损害而提出的一种解决办法。

供应契约通过调整供应链的成员关系来协调供应链，使分散决策下供应链的整体利润与集中系统下的利润尽可能相等。即使无法实现最好的协调（与集中系统下的利润完全相等），也可能存在帕累托最优解，使得每一方的利润至少不低于原来的利润值。因此，供应链各节点企业可以通过签订不同类型的供应契约来克服由于双重边际化所导致的供应链低效率以及渠道利润的减少，使供应链达到最佳协调。

（三）增强供应链成员的合作关系

建立协调供应链的好处有目共睹，但这种协调要基于相互信任的前提。供应链是由多个企业组成的联合体，彼此之间没有任何产权上的联系，而仅仅是动态的合作关系。然而，供应契约可以以书面的形式保证合作企业的权利和义务，使这种权利和义务具有法律效应，这样即使信任机制不健全，也可以实现供应链合作企业的紧密合作，加强信息共享，相互进行技术交流和提供技术支持。

供应链合作关系产生了新的利润，新增利润如何在供应链中进行分配，是决定供应链能否继续保持合作关系的一个重要因素。供应契约模型研究了利润的分配模式，通过企业之间的协商，将利润在供应链的各个节点企业中进行了分配。契约的特性就是要体现利益共享和风险共担原则，从而使供应链成员企业达到帕累托最优。

随着契约利润参数的改变，供应链承担的风险在供应链的不同阶段之间发生了转移，从而影响了零售商和供应商的决策，稳固了他们之间的长期合作伙伴关系，同时提高了供应链的总体收益。

此外，还可以通过修改契约的激励模式，为合作企业创造更好的优惠条件，减少彼此之间的不信任感、实现双赢，进一步促进并增强供应链中节点企业的合作关系。

第五章　供应链管理环境下的物流管理

第一节　物流管理概述

一、引言

供应链管理是对供应链中的信息流、物流、商流、资金流、工作流以及合作伙伴关系等活动进行设计、组织和控制的过程。近年来，供应链管理与物流网络的问题越来越受重视。十几年前，物流管理还不像企业的核心职能（如设计、制造、销售等）那样受重视，但现在人们已经认识到，未来企业竞争的成功不仅在于产品不断更新换代以满足客户需求，还要看其物流管理的水平，而供应链管理的重点之一就在于对物流活动的管理。

消费者购买产品不仅会考虑产品本身的使用质量，而且会考虑服务质量。因此，供应链管理就是要提供一个连接供应商到用户的物流业务过程，以保证在正确的时间为正确的用户提供满足以上要求的合适的产品。供应链管理的目的就在于控制供应链每一层次之间的物料流和信息流，使供应链的效率最大化，最终达到满足用户需求的目的。现代物流管理强调用户与供应商之间协调运行，强调把供应商和用户更多地融入企业策略和管理决策中，以强化联系和整合供应链。供应链与物流网络的有效集成整合是未来的发展趋势。

过去物流与供应链管理一直是独自在各自的产业界讨论与应用。直到进入 21 世纪，随着世界经济、信息技术和物流实践的迅速发展，业界人士才开始从整体上认识物流，将内外部物流结合，将物流的若干要素有机地联系在一起，追求物流网络的总体效果。供应链管理强调的就是物流网络中内外物流元素的结合。

二、物流管理的定义

1993 年版《韦氏词典》对物流的解释是，军事科学的分支，包括物资、人员和设备的获得、维护和运输。美国军方文件的解释是，对运输和后勤保障资源的计划与执行的科学，包括军用物资调度的设计与开发；军用物资的采购、储存、运送、维护；人员和物资装备储运中心的建设、维修等。显而易见，物流管理最初指的就是军事后勤的管理。由于企业在市场上的竞争除了生产与销售，还需要有一个强有力的支持和保障系统，因此，人们借鉴军事后勤管理的理论与方法，将其移植到企业管理领域。同时，为便于理解和接受，企业界人士根据物流管理的对象主要是原材料、零部件、产成品的流动过程及伴随的服务，形象地称其为物流，而且重新做出了定义。

作为社会经济活动和企业管理中的概念，目前在国际上比较流行的是美国供应链管理专业协会对物流管理的定义。美国供应链管理专业协会的前身是美国物流管理协会。1985 年，美国物流管理协会对物流的定义为：物流是以满足客户需求为目的，以高效和经济的手段来组织原料、在制品、制成品以及相关信息从供应到消费的运动和存储的计划、执行和控制的过程。1991 年，美国物流管理协会将 1985 年定义中的“原料、在制品、制成品”修改为“产品、服务”。1998 年，美国物流管理协会又在 1991 年定义的开头加上“物流是供应链过程的一部分”。现在，美国供应链管理专业协会对物流的定义是：物流是供应链过程的一部分，是以满足客户需求为目的，以高效和经济的手段来组织产品、服务以及相关信息从供应到消费的运动和存储的计划、执行和控制的过程。

欧洲物流协会对物流的定义为：物流是在一个系统内对人员或商品的运输、安排及与此相关的支持活动的计划、执行与控制，以达到特定的目的。

日本对物流的定义为：物流是物质资料从供给者向需求者的物理性移动，是创造时间性、场所性价值的经济活动。从物流的范畴来看，包括包装、装卸、保管、库存管理、流通加工、运输、配送等各种活动。如果不经过此过程，物就不能移动。

英国著名物流专家马丁·克里斯托弗教授在他的物流定义中更多地强调了物流对企业经营的重要性：物流是战略性地管理原材料、零部件及产成品的采购、移动及储存（包括相关信息流）的过程，它贯穿整个企业及其营销渠道，以合理的成本满足客户需求，使企业目前和将来的盈利能力最大化。

我国在《物流术语》国家标准中给出的物流的定义是，物品从供应地向接收地的实体流动过程，根据实际需要，将运输、储存、装卸、搬运、包装、流通加工、配送、信息处理等基本功能进行有机结合。

本书对物流管理的定义是，物流是供应链管理的一个组成部分，是对供应链上各种物料（包括原材料、零部件、产成品）、服务及信息从起始点到终点流动过程的计划、组织和控制活动的总称，它充分运用信息技术，将运输、仓储、装卸、加工、整理、配送等有机结合，以合理的价格为用户提供一体化的综合服务。

虽然各国对物流管理的定义表述不同，却都包含了以下基本内容。

①物流产生是为了满足消费者的需求，或为了全面实现某一个战略、目标或任务。

②物流是一个空间上的物理性移动过程，存在一个起点和一个终点，并且从起点到终点的物理性移动过程包括几个基本的环节：装卸、运输、供应、仓储、采购。

③物流过程中移动的主体是货物及与之相关的信息。这里，货物包括原材料、中间过程的库存、最终产品；相关信息包括在流通过程中发生的必需的各种单证、消费者需要的各种信息和物流活动管理者需要的各种信息。

④物流是一种管理活动，必须进行恰当的计划、实施与控制，确保物流过程中各个环节的最优化，保证物流过程的有效性。

⑤物流管理的分析方法是把一个企业乃至一个供应链作为一个有机的整体来研究。企业的各个部门间、供应链上的各企业间存在相互影响、相互制约的关系，物流分析的方法就是充分考虑这种互动关系，从系统的角度来分析问题。如一个企业的储运部门运作出现问题，其根本原因可能不在该部门内部，而有可能是生产部门或销售部门的问题所造成的，这就为解决问题提供了新的思路和方法。

⑥加强物流管理是对企业或供应链进行整体优化。由于在企业或供应链中存在上述互动关系，物流管理在进行优化时就强调要注意避免造成局部最优而总体次优的情况。典型的例子就是运输与仓储成本的相互关系，过分地强调节约运输成本可能造成库存及仓储成本的增加，特别是目前在企业经营遍及全球、产品生命周期不断缩短的情况下，其结果可能是总成本的增加。

通常，可以这样理解物流管理：物流管理是指经济主体为满足顾客的需求或其他目标所发生的从供应起点到需求终点的物质、服务以及信息的流动过程，以及为使该过程有效、低成本地进行而从事的计划、实施和控制行为。

三、物流管理的发展

物流管理的概念是在发展过程中不断变化和完善的。追溯物流管理概念和理论的发展历史，目前学术界有两种主要观点，认为物流管理发展有两条主线。

（一）源自“配送”的发展

最早出现的“配送”（physical distribution，也有人将其译为物流，但指的是流通领域里的分销过程的活动，简称 PD）概念，是 1921 年由美国学者阿奇·萧在《市场流通中的若干问题》一书中提出的。同一时期，英国的利费哈姆勋爵成立了即时送货股份有限公司，其宗旨是在全国范围内把商品及时送到批发商、零售商以及用户的手中，这一举动被一些物流学者誉为有关“物流活动的早期文献记载”。

1935 年，美国销售协会最早对配送一词下了定义：配送是包含于销售之中的物质资料和服务，是从生产地到消费地的流动过程中所伴随的种种活动。

20 世纪 50—70 年代，物流研究的对象主要是与商品销售有关的实体运动。因此，通常仍然采用配送一词。

1956 年，日本通产省派人员考察美国，发现日本称为“流通技术”的内容相当于美国配送的内容，从此便把流通技术按照美国的说法叫作配送，使配送这个术语得到了广泛的使用。1964 年，日本池田内阁将配送改称为“物的流通”，简称“物流”，并在日本政府文件中正式采用。

（二）源自“后勤管理”的发展

第二次世界大战期间，美国在对军用物资进行的战时供应中，首先采取了后勤管理这一概念，对军用物资的运输、补给、屯驻等进行全面管理。从此，后勤管理逐渐形成了单独的学科。其特点是应用运筹学和管理学的理论和方法，对军事上的后勤活动进行计划和优化管理。第二次世界大战结束后，后勤管理方法被引入企业管理领域，其定义是“包括原材料的流通、产品分配、运输、购买与库存控制、储存、用户服务等业务活动”，其领域包括原材料采购、生产管理和产品销售。如果把市场竞争看作战场上的战斗的话，那么原材料的采购、产品分配、运输、库存控制、储存、用户服务等业务活动就是支持这种战斗的庞大的“后勤”系统。一个企业的产品是否有竞争力，不仅要看它的产品性能、市场营销等方面的优势，还要看它能否支持整个竞争活动的“后勤”系统，即现在人们所说的物流系统。

与配送相比，后勤管理的概念较宽广、连贯，更具整体性，作为一种管理理念和方法更加适应经济发展的需要。而配送的概念则较狭窄，一般是指销售领域，随着经济活动实践越来越深入，其局限性也逐渐凸显。多年的研究和实践都证明，企业经济效益的取得，仅关注销售领域是不够的，必须有更大的系统和更强的综合战略，即在销售领域之外的生产和生产之前的供应领域内也存在着改善管理的潜力，需要在更宽泛的领域内建立新的概念，而后勤管理正是这样一个新概念。

1986 年，美国全国配送管理协会正式更名为美国物流管理协会，即配送概念发展为后勤管理概念。此后，包括日本在内的其他国家对配送概念的理解就基本演进到后勤管理的概念。2005 年，美国物流管理协会又一次更名为美国供应链管理专业协会。

四、物流的分类

按照不同的标准，物流可做不同的分类。通常物流可以按以下几种方式分类。

（一）按物流的范畴，可分为社会物流和企业物流

社会物流属于宏观范畴，包括物流设备制造、运输、仓储、包装装卸、配送、信息服务等，公共物流和第三方物流贯穿于其中；企业物流属于微观物流的范畴，包括生产物流、供应物流、销售物流、回收物流和废弃物物流等。如图 5.1 所示。

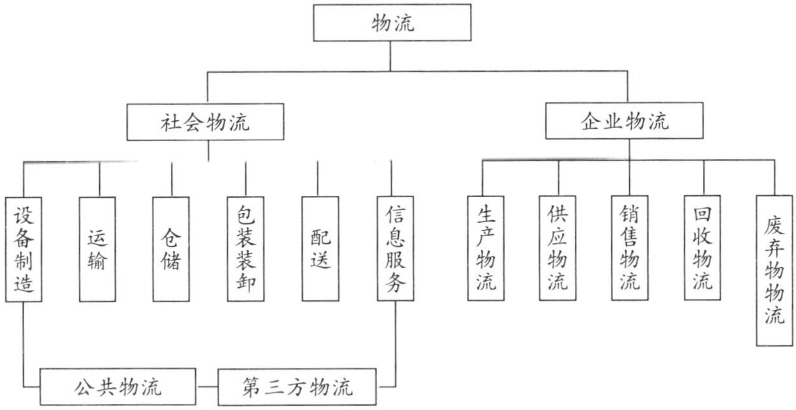

图 5.1　物流的分类

（二）根据作用领域的不同，可分为生产领域的物流和流通领域的物流

生产领域的物流贯穿于生产的整个过程。生产的全过程从原材料的采购开始，便要求有相应的供应物流活动，即采购生产所需的材料；在生产的各工艺流程之间，有原材料、半成品的物流过程，即所谓的生产物流；部分余料、可重复利用的物资的回收，就是所谓的回收物流；废弃物的处理则需要废弃物物流。

流通领域的物流主要是指销售物流。在当今买方市场条件下，销售物流活动带有极强的服务性，以满足买方的需求，最终实现销售。在这种市场前提下，销售往往以送达用户并经过售后服务才算终止，因此，企业销售物流的特点便是通过包装、送货、配送等一系列物流实现销售。

（三）根据发展的历史进程，可分为传统物流、综合物流和现代物流

传统物流的主要精力集中于仓储和库存的管理与派送上，而有时又把主要精力放在仓储和运输方面，以弥补在时间和空间上的差异。

综合物流不仅包括运输服务，而且包括许多协调工作，是对整个供应链的管理，如对陆运、仓储部门等一些分销商的管理，还包括订单处理、采购等内容。由于综合物流将很多精力放在供应链管理上，责任更大，管理也更复杂，这是它与传统物流的区别。

现代物流是为了满足消费者需要而进行的从起点到终点的原材料、中间过程库存、最终产品和相关信息有效流动及储存的计划、实现和控制管理的过程。它强调从起点到终点的过程，提高了物流的标准和要求，是各国物流发展的方向。国际上大型物流公司认为现代物流有两个重要功能：一是能够管理不同货物的流通质量；二是开发信息和通信系统，通过网络建立商务联系，直接从客户处获得订单。

（四）根据提供服务的主体不同，可分为代理物流和企业内部物流

代理物流也叫第三方物流，是指由物流服务的供方、需方之外的第三方去完成物流服务的运作模式。第三方就是提供交易双方的部分或全部物流功能的外部服务提供者。

企业内部物流是指从原材料进厂后，经过多道工序加工成零件，然后零件组装成部件，到最后组装成成品出厂，这一过程中的企业内部物资的流动。

（五）按物流的流向不同，可分为流入物流和流出物流

流入物流是企业从生产资料供应商处进货所引发的产品流动，即企业从市场采购过程中的物流；流出物流是从企业到消费者之间的产品流动，即企业将产品送达市场并完成与消费者交换的物流过程。

根据流入物流和流出物流对企业竞争力影响的重要性不同，又可分为单向物流和双向物流（或平衡物流），如表 5.1 所示。在单向物流的例子中，最典型的是汽车制造企业。流入物流管理水平的高低对这类企业的竞争力的影响很大。例如，一辆轿车由上万种零件构成，从物流管理涉及的种类来说，上万种零件的物流管理的难度显然要远大于一种型号的汽车。因此，世界上著名的汽车制造商都十分注重供应链流入端的物流管理。

表 5.1　流入物流与流出物流

物流系统类型		流入	流出
流入为主的物流系统	汽车装配厂	零部件、组件等	汽车
	运输企业	燃料、食品（航空）、零件、设备	（客货）运输服务
	财务公司	管理和办公设备	财务服务
	独立的零售店	零售设施	无（商店不能流动）
流出为主的物流系统	采掘业	生产设施	大量的煤、矿石等
	林产品企业	生产设施	大量的木材
双向平衡的物流系统	日用品制造商	零部件、材料	面向最终用户的大量商品
	食品加工	生鲜食品、罐头、瓶子	面向最终用户的包装食品
	批发商	商品	商品

五、物流的功能

物流通常具有以下几种功能。

（一）运输功能

空间距离是经济发展的阻力，运输则是克服这种经济阻力使商品产生价值增量的过程，是物流活动的核心。运输包含从生产地到消费地的干线运输，也包含消费地向消费者配送时的短距离运输（如最后一千米配送），主要指借助交通工具，在一定时间内实现物资的空间位移，包括供应及销售物流中的车、船、飞机等方式的运输，生产物流中的管道、传送带等方式的运输。运输是物流一个必不可少的基本功能。运输过程是生产过程的前导与后续，是沟通产销部门的重要桥梁。

物流中的合理运输，就是遵循商品流通规律、交通运输条件、货物的合理流向及市场供需情况，以最快的速度、最少的环节、最短的距离、最低的费用完成货物的运输任务。其中，运输距离、运输环节、运输工具、运输时间、运输费用等都是影响运输的重要因素。值得注意的是，这些因素有时是互相联系、互相影响的，这就要求在实际中根据具体情况综合分析、全面比较，寻求最佳运输方案。

经济性和安全性是运输十分重要的质量指标。一般来说，在市场经济条件下，运输市场是一个买方市场，价格成为运输供给者竞争的核心，这也是货主追求低成本的期望所决定的。但是，经济性并不影响安全性的重要地位，尽管不同的货物对于安全性的要求不同，但安全性仍然是保证运输质量的最重要的因素。集装箱运输的出现本身就是经济性与安全性的综合体现，集装箱运输在管理上的简化和技术上的进步更是使两者进一步统一起来。

（二）储存功能

储存是为了克服生产与消费在时间上的差异，衔接产需，缓冲供求。储存是物流的主要功能之一，是物资流转不可缺少的重要环节，是社会化大生产的必要条件。储存包括堆存、保管、保养、维护等活动。科学、合理的储存管理能保证生产顺利进行，加速物资周转，但不适当的特别是过多的储存将占用流动资金、造成浪费，而储存量过少又会出现停工待料，不能保证生产、销售连续进行。

在宏观上应做到合理储存，即储存量合理，储存结构合理，储存时间合理，储存分布合理。而对储存的具体要求是：库存多（充分利用仓容），保管好，进出快，损耗少，费用省，保安全。对于不同的物资，储存的要求具有不同的侧重点。比如，对粮食这一特殊的物资既要保证储存数量，又要保证储存质量，不能造成浪费。

（三）配送功能

配送是指根据用户的要求，在物流配送中心分配货物，并将所配的货物交付收货人。配送是宏观物流产生社会经济效益的根本，通过配送中心统筹安排，计划配送，能够使迂回运输、重复运输、空载运输等不合理运输现象降至最低，还能减少不必要的中间环节，加速物资周转。配送中心储存量大，提高了物资供应的可靠度，改善了生产企业的外部环境，使企业具有安全感，不再为原料、元件的供应问题而发愁，全身心地投入生产，从而保证了产品的质量和数量。

（四）装卸搬运功能

装卸搬运功能包括对输送、保管、包装、流通加工等物流活动进行的衔接活动，以及在保管等活动中为进行检验、维护、保养所进行的装卸活动。装卸搬运是物流过程中的“节”，是对运输、储存、配送、包装、流通加工等活动进行联结的中间环节。若没有装卸搬运，物流过程就会中断，无论是宏观物流还是微观物流都将不复存在。装卸搬运在物流过程中频频发生，占有相当大的比重，而且是一项十分艰苦而又繁重的工作。为了提高装卸作业效率，降低劳动强度，发展装卸搬运机械化、自动化、连续化势在必行。

装卸搬运在整个宏观物流中虽然只是“节点”，然而从局部、微观的角度来研究，它本身却是一个不可忽视的系统。科学、合理地组织装卸搬运系统，可以减少作业环节与装机容量，优化工艺线路，达到与先进技术装备的配套。

通过装卸搬运机械化的实施，既可降低装卸搬运成本、节约费用，又可降低工人作业强度、保证装卸搬运质量。

（五）包装功能

包装功能包括产品的出厂包装，生产过程中在制品、半成品的包装，以及物流过程中的换装、分装、再包装等活动，还包括为达到上述目的而进行的操作活动。我国的《包装通用术语》中对包装做出了明确的定义："所谓包装是指在流通过程中保护产品、方便储运、促进销售、按一定技术方法而采用的容器、材料及辅助物等的总体名称。"

作为物流过程的一个重要环节，包装分为商业包装和工业包装。工业包装是纯粹的物流过程。有人认为，包装是生产过程的终点和物流过程的起点。包装的方法是由物流的方式决定的，既取决于货主对物流的要求，也取决于商品本身的物理特性和化学特性。包装不仅要从运输角度满足保护物品、单元化和彼此区别等功能要求，而且要反映物流过程中必须通过包装反映的物流信息，所以包装的设计十分重要，必须根据物流方式的不同要求进行具体的包装设计。

（六）流通加工功能

流通加工又称流通过程的辅助加工活动，是物资从生产领域向消费领域流通的过程中，为了弥补生产不足或为了满足客户的需求、促进销售、增加流通部门效益、提高物流效率而进行的一些辅助性加工活动。这种加工活动不仅存在于社会流通过程中，也存在于企业内部的流通过程中。

流通加工的经济效益具有广阔的前景。服装业就是流通加工最好的例子，如果将企业生产的布匹直接送到消费者手中，其布料的平均利用率大约为 80%；而服装企业批量生产，特别是套裁、拼裁的运用使布料的利用率达到 95% 以上。又如，将原木或大规格锯材直接供给使用部门，其平均利用率不到 50%；而在流通部门中实行集中下料，根据用户的不同要求供应不同规格的成材，可以使原木的利用率提高到 97% 以上。目前，世界上许多发达国家和地区在物流过程中都伴有流通加工业务。日本的东京、大阪、名古屋等地区的 90 多家物流公司中，一半以上拥有流通加工业务，其规模相当大，取得了很好的经济效益。

（七）信息处理功能

物流过程是一个多环节的复杂组合，把众多的环节及其功能整合成一个有机的系统并形成一个功能整体，以追求整体功能的最优化，信息是其中的关键。物流信息是指在物流活动过程中，反映物流活动的实际和特征的各种知识、资料、消息、情报、数据、文件、图纸等的总称。在物流、商流中，伴随着大量的信息流，收集、检索和处理信息是十分重要的。信息传递的快慢及准确与否直接影响物流系统效益的发挥。用计算机处理和加工物流信息，获得指导物流活动的可靠情报，对物流的组织具有极为重要的作用。

物流是一个全球化的概念，有“物流无国界”之说。对于一个范围广、环节复杂的系统来说，要满足顾客随时提出的任何物流的需要，必须建立一个庞大而又灵活方便的信息管理系统。虽然现代信息技术已经提供了相当完整的技术支持，但对于所有的物流服务提供者来说，这仍是一个艰巨的课题和努力的方向。

上述各种功能要素中，运输和储存分别解决了供给者和需要者之间场所和时间的分离问题，是物流创造场所效用及时间效用的主要功能要素，因而在物流系统中处于主要功能要素的地位。

六、现代物流与传统储运的区别

传统储运指的是我国在实行计划经济体制、商品资源短缺的情况下，对各种商品特别是生产资料，实行指令性计划分配和供应的储运方式。传统储运的特点是：

①商物（商流、物流）合流，物流紧跟商流，物流活动的功能主要是创造空间效用和时间效用。

②保证国家指令性计划分配指标的落实成为物流活动的首要目标，物流的经济效益目标被放到了次要位置。

③物流环节相互割裂，系统性差。

④物流活动的技术手段落后，仓库机械作业的覆盖率仅为50%左右。

现代物流是涉及社会经济生活各个方面的错综复杂的社会大系统。具体来说，现代物流涉及原材料供应商、生产制造商、批发商、零售商以及最终消费者，即供应链系统的全过程。由于现代物流的宗旨是以最优的经济效益、最快捷的优质服务来满足消费者的需求，而消费者的需求又是千变万化的，商品的流动要达到准确、快速地满足消费者需求的目的，就离不开信息流动，所以信息系统构成了现代物流的中枢神经。

现代物流是相对于传统储运而言的。具体来说，现代物流与传统储运有以下本质上的区别。

①理念不同。现代物流的理念是：走向市场，参与竞争，以市场为导向，以客户为本，一切为客户。而传统储运主要是封闭的自我服务理念和纵向一

体化的陈旧做法。

②原动力不同。现代物流的原动力来自消费者的需求，即由消费者需求开始，通过物流大系统各个环节的信息传递，最终决定商品生产企业应如何进行生产，因而现代物流也称为反应式物流。而传统储运的推动力是生产，是生产的需要导致的储运活动。

③主要功能不同。现代物流是一体化服务功能，主要包括包装功能、装卸功能、运输功能、保管功能、流通加工功能、配送功能、物流信息处理功能等，它根据客户的需求提供一揽子服务。而传统储运服务则比较单一，主要包括商品的收货入库、储存保管、搬运装卸和发货等，除此之外基本上不会涉及其他活动。

④连续性不同。现代物流与社会进行有机的联系，是支持供应链运营必不可少的社会化服务过程。而传统储运是孤立、封闭在一个企业内部的活动。

第二节　物流网络与供应链管理

一、物流网络在供应链管理中的地位

一般认为，供应链是物流、信息流、资金流三个流的统一，因此，物流网络很自然地成为供应链管理体系的重要组成部分。供应链管理与物流有什么区别？一般来说，供应链管理涉及制造问题和物流问题两个方面，物流则涉及企业的非制造领域问题。两者的主要区别在于：

①物流涉及原材料、零部件在企业之间的流动，而不涉及生产制造过程的活动；

②供应链管理包括物流活动和制造活动；

③供应链管理涉及从原材料到产品交付给最终用户的整个物流增值过程，物流涉及企业之间的价值流过程，是企业之间的衔接管理活动。

但是，物流管理在供应链管理中有着重要的作用。这一点可以通过价值分布来考察，表 5.2 为供应链上的价值分布。不同的行业和产品类型，供应链价值分布不同，但是我们可以看出，物流价值（采购和分销之和）在各种类型的产品和行业中都占到了整个供应链价值的一半以上，制造价值则不到一半。在易耗消费品和重工业品中，物流价值的比例更大，达 80% 以上，充分说明了物流的重要意义。供应链是一个价值增值链过程，有效地管理物流过程，对于提高供应链的价值水平，有着举足轻重的作用。

表 5.2　供应链上的价值分布

产品	采购	制造	分销
易耗消费品（如肥皂、香精）	30% ～ 50%	5% ～ 10%	30% ～ 50%
耐用消费品（如轿车、洗衣机）	50% ～ 60%	10% ～ 15%	20% ～ 30%
重工业品（如工业设备、飞机）	30% ～ 50%	30% ～ 50%	5% ～ 10%

从传统的观点看，物流对制造企业的生产起到了一种协助作用，被视为辅助的功能部门。但是，随着现代企业生产方式的转变，即从大批量生产转向精细的准时化生产，这时的物流，包括采购与供应，都需要转变运作方式，实行准时化供应和准时化采购等。另外，顾客需求的瞬时化要求企业能以最快的速度把产品送到用户手中，企业必须提高快速响应市场的能力。所有这一切都要求企业的物流系统具有和制造系统协调运作的能力，以提高供应链的敏捷性和适应性，因此，物流管理不再是传统的保证生产过程连续性的问题，而是要在供应链管理中发挥重要作用。

①创造用户价值，降低用户成本；

②协调制造活动，提高企业的敏捷性；

③提供用户服务，塑造企业形象；

④提供信息反馈，协调供需矛盾。

要实现以上几个目标，物流网络应做到准时交货、提高交货的可靠性、提高响应性、降低库存费用等。现代市场环境的变化要求企业加速资金周转，快速传递与反馈市场信息，不断加强生产与消费的联系，提供低成本的优质产品，生产出满足顾客需求的顾客化的产品，提高用户满意度。因此，只有建立敏捷、高效的供应链物流系统，才能达到提高企业竞争力的要求。供应链管理将成为21世纪企业的核心竞争力，而物流管理又将成为供应链管理的主要构成部分。

二、供应链管理环境下物流网络的特征

（一）供应链管理环境下的物流网络环境

企业竞争环境的变化导致企业管理模式的转变，供应链管理思想就是在新的竞争环境下出现的。新的竞争环境体现了企业竞争优势要素的改变。20世纪70年代以前，成本是主要的竞争优势；而20世纪80年代则是质量作为竞争优势；20世纪90年代是交货时间，即所谓基于时间的竞争；到了21世纪初，这种竞争优势就转移到所谓的敏捷性上。在这种环境下，企业的竞争就表现在如何以最快的速度响应市场要求，满足顾客不断变化的多样化需求。企业必须能在实时的需求信息下，快速组织生产资源，把产品送到用户手中，

并提高产品的用户满意度。在激烈的市场竞争中，企业都感到一种资源饥渴的无奈，传统的单一企业竞争模式已经很难使企业在市场竞争中保持绝对的竞争优势。信息时代的到来进一步增加企业竞争的压力，信息资源的开放性打破了企业的界限，建立了一种超越企业界限的新的合作关系，为创造新的竞争优势提供了有利的条件。因此，供应链管理的出现就迎合了这种趋势，顺应了新的竞争环境的需要，使企业得以从资源的约束中解放出来，创造新的竞争优势。

供应链管理实质上是一个扩展的企业概念。扩展企业的基本原理和思想体现在以下几个方面：①横向思维（战略联盟）；②核心能力；③资源扩展/共享；④群组与工作流（团队管理）；⑤竞争性合作；⑥同步化运作；⑦用户驱动。这几个方面的特点不可避免地影响到物流环境。

归纳起来，供应链管理环境下的物流环境特点如表 5.3 所示。

表 5.3　供应链管理环境下的物流环境特点

竞争的需求	竞争特性	物流管理要素
对顾客化产品的开发、制造和交货速度	敏捷性	通过畅通的运输通道快速交货
资源动态重组能力	合作性	通过即插即用的信息网络获得信息共享与知识支持
物流系统对变化的实时响应能力	柔性	多种形式的运输网络、多信息获取途径
用户服务能力的要求	满意度	多样化产品、亲和服务、可靠质量

（二）供应链管理环境下物流管理的新特点

由于供应链管理环境下物流环境的改变，新的物流管理和传统的物流管理相比呈现出不同的特点，这些特点反映了供应链管理思想的要求和企业竞争的新策略。

首先，我们了解一下传统的物流管理情况，图 5.2 为传统的物流系统模型。在传统的物流系统中，需求信息和反馈信息（供应信息）都是逐级传递的，上级供应商不能及时掌握市场信息，因而对市场的信息反馈速度比较慢，从而导致需求信息的扭曲。

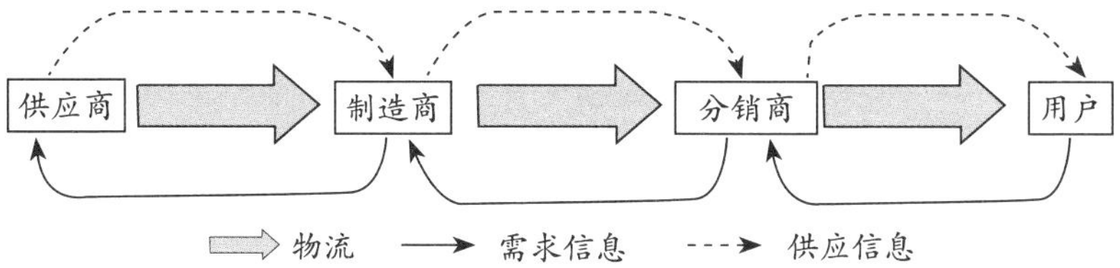

图 5.2　传统的物流系统模型

另外，传统的物流系统没有从整体角度进行物流规划，常常导致一方面库存不断增加，另一方面当需求出现时又无法满足。这样，企业就会因为物流系统管理不善而丧失市场机会。1994 年，当时的康柏公司就因为流通渠道没有跟上导致了 1 亿美元的损失，其财务经理说："我们在制造、市场开拓、广告等方面尽了最大的努力，但是物流管理没有跟上，这造成了巨大的损失。"康柏公司由于在供应链及物流管理上的落后，最后被惠普公司收购了。

简言之，传统物流管理的主要特点是：

①纵向一体化的物流系统；

②不稳定的供需关系，缺乏合作；

③资源的利用率低，没有充分利用企业的有用资源；

④信息的利用率低，没有共享有关的需求资源，需求信息扭曲现象严重。

图 5.3 为供应链管理环境下的物流系统模型。和传统的纵向一体化物流系统模型相比，信息的流量和并行传递的范围大大增加。需求信息和反馈信息传递不是逐级进行的，而是网络式的，企业通过信息传递网络可以很快掌握供应链上不同环节的供求信息和市场信息。因此，供应链管理环境下的物流系统中有三种信息，即需求信息、供应信息、共享信息，它们始终是在同步运行。

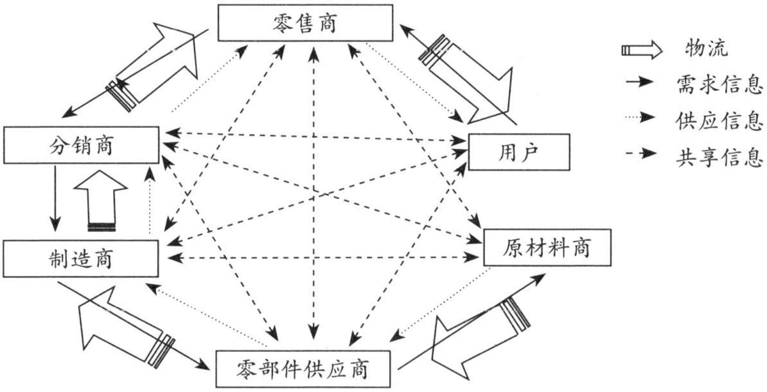

图 5.3　供应链管理环境下的物流系统模型

共享信息对供应链管理是非常重要的。由于可以做到信息共享，供应链上任何节点的企业都能及时掌握市场的需求信息和整个供应链的运行情况，每个环节的物流信息都能透明地与其他环节进行交流与共享，从而避免了需求信息的失真。

物流网络规划能力的提高反映了供应链管理环境下的物流特征。充分利用第三方物流系统、代理运输等多种形式的运输和交货手段，降低了库存的压力和安全库存水平。

作业流程的快速重组能力极大地提高了物流系统的敏捷性。通过消除不增加价值的过程和时间，供应链的物流系统进一步降低成本，为实现供应链的敏捷性和精细化运作提供了基础性保障。

信息跟踪能力的提高使供应链物流过程更加透明化，也为实时控制物流过程提供了条件。在传统的物流系统中，许多企业有能力跟踪企业内部的物流过程，但没有能力跟踪企业之外的物流过程，这是因为缺乏共享的信息系统和信息反馈机制。

合作性与协调性是供应链管理的一个重要特点，但如果没有物流系统的无缝连接，运输的货物逾期未到，顾客的需要不能得到及时满足，采购的物资常常在途受阻，都会使供应链的合作性大打折扣，因此，无缝连接的供应链物流系统是使供应链获得协调一致运作的前提条件。

灵活多样的物流服务提高了用户的满意度。通过制造商和运输部门的实时信息交换，及时地把用户关于运输、包装和装卸方面的要求反映给相关部门，提高了供应链管理系统对用户个性化响应的能力。

归纳起来，供应链管理环境下物流管理的特点可以用如下几个术语简要概括：

①信息——共享；

②过程——同步；

③合作——互利；

④交货——准时；

⑤响应——敏捷；

⑥服务——满意。

三、供应链管理与物流网络的整合

早期的供应链管理研究是以产品制造为中心，尽量提高生产率、降低成本、提高产量，它是企业实施敏捷制造的重要技术之一。供应链管理思想的推出为企业内部资源与外部资源物流网络的有效整合、优化调配提供了理论依据，为企业集中精力关注供应链上的所有活动并做出正确决策提供了有效方法。

供应链管理环境下的物流管理与传统企业的物流管理的意义和方法不同。由于企业经营思想的转变，为保证供应链企业之间的同步化、并行化运作，实现快速响应市场，物流系统管理将面临一系列的转变，主要解决以下几个方面的问题。

①实现快速、准时交货的措施问题；

②低成本、准时化的物资采购供应策略问题；

③物流信息的准确传递、反馈与共享问题；

④物流系统的敏捷性和灵活性问题；

⑤供需协调，实现无缝供应链连接问题。

为有效完成物流网络活动，提高企业竞争优势，必须与供应商及客户合作，结合所有物流活动，形成整合式管理，并重视成员间的紧密联系。供应链管理最基本的出发点就是信息共享与共同规划，改善和提高整个供应链以及物流网络的效率。

内外物流结合的物流供应链管理是将物流活动视为由原料采购、生产、分配、销售和产品到达最终用户所组成的一定流量的环环相扣的链。它通过综合从供应商到消费者供应链的运作，使物流与信息流达到最优化。企业追求全面的物流网络的综合效果，而不是单一的、孤立的片面效果。供应链管理是全过程的战略管理，其目的不仅是降低成本，更重要的是提供用户期望以外的增值服务，以产生和保持竞争优势。从某种意义上讲，供应链是物流网络的充分延伸，是产品与信息从原料到最终消费者之间的增值服务。

物流供应链的管理不再把库存当作维持生产和销售的被动措施，而是将它作为一种供应链的平衡机制。通过简化供应链和经济控制论等方法消除薄弱链，以此寻求总体平衡。通过物流网络准时化要求供应链上的所有要素同步，减少无效作业，做到采购、运输、库存、生产、销售及供应商、用户的营销系统的一体化，促进物料与产品的有效流动，追求物料通过每个配送渠道的整体流动的最高效率，以杜绝生产与流通过程的各种浪费。通过快速响应预测未来需求而做出快速反应，重组自己的业务活动，以减少前导时间和成本，最终缩短产品在供应链上的时间。通过有效客户响应消除系统中不必要的成本和费用，降低供应链各个环节如生产、库存、运输等方面的成本，为最终给客户带来更大的效益而进行密切合作。此时，物流网络在供应链管理中扮演着举足轻重的角色，它为供应链成员提供中性服务，满足生产和需要的时效性、正确性，解决物流系统共同化等高难度问题。

第三节　供应链中的物流组织与管理

一、流入物流——企业供应物流

（一）流入物流的概念

企业为保证自身生产的节奏，实现准时化生产或精细生产的物料的准时化补充，需要不断组织原材料、零部件、燃料、辅助材料供应的物流活动，这种物流活动对企业生产的正常、高效进行起着重大作用。以成本驱动的流入物流的组织设计比传统的以运输能力和成本为核心的组织模式更为有效。流入物流组织的设计必须考虑整个流入物流网络（从供应商货仓门到生产线）的能力和成本，它的目标也是降低交货成本。流入物流主要是指企业的供应物流，也就是原材料、零部件的采购与调整。企业供应物流不仅是一个保证供应的目标，而且是以最低成本、最少的消耗和最大的保证来组织供应物流活动，因此难度很大。企业竞争的关键在于如何降低这一物流过程的成本，这可以说是企业物流的最大难点。为此，企业供应物流就必须解决有效的供应网络问题、供应方式问题、零库存问题等。

有效的流入物流组织可以实现以下目标：

①降低运输成本；

②降低采购环节库存水平；

③减少人力和物流设备。

为了削减商品制造过程中大量零部件的库存占用费用，提高企业的竞争能力，应建立排除在途库存的生产体系。它的基本思想是："在必要的时间，对必要的零部件从事必要量的采购。"在具体方法上，厂商以时间为单位来划分各时间段所需的零部件，相应零部件的订货单位也小型化，以此为基础向零部件生产商订货，并要求在规定的时间内送到装配工厂。

（二）流入物流的重要性与采购改善

据有关方面统计，一般企业的采购支出占其销售收入的 60% ～ 70%，采购中每节约 1 元的成本就会直接转化为 1 元的利润，而靠增加销售来获取 1 元的利润，则需要多卖十几元或几十元的产品。对一个利润水平为几个百分点的大型企业来说，通过采购如能节省 1% 的成本，则整个公司的净利润会百分之百地增长。

（三）流入物流的过程

流入物流过程因不同企业、不同供应环节和不同的供应链而有所区别。

这个区别就使企业的流入物流出现了许多不同种类的模式。尽管不同的模式在某些环节具有非常复杂的特点，但是流入物流的基本流程是相同的，其过程主要包括以下几个环节。

1. 取得资源

取得资源是完成后续所有供应活动的前提条件。取得什么样的资源，这是核心生产过程提出来的，同时要按照流入物流可以承受的技术条件和成本条件辅助这一决策。

2. 组织到厂物流

所取得的资源必须经过物流才能到达企业。这个物流过程是企业外部的物流过程。在物流过程中，往往要反复运用装卸、搬运、储存、运输等物流活动，才能使取得的资源到达企业。

3. 组织厂内的物流

如果企业外物流到达企业的“门”，便以此“门”作为企业内外划分的界限，例如，以企业的仓库为外部物流终点，便以仓库作为划分企业内外物流的界限。这种从“门”和仓库开始继续到达车间或生产线的物流过程，称作供应物流的企业内物流。

传统的企业供应物流都是以企业仓库作为调节企业内外物流的一个节点。因此，企业的仓库在工业化时代是一个非常重要的设施。

（四）流入物流的组织方式

企业的流入物流有三种组织方式：第一种是委托销售企业代理流入物流方式；第二种是委托第三方物流企业代理流入物流方式；第三种是企业自采流入物流方式。

这三种方式都有一定的适应性。传统上，当销售商处于主导地位时，一般由企业完成流入物流过程；当企业处于主导地位时，销售商会送货上门。从目前国际上的发展趋势来看，委托第三方物流完成流入物流的组织过程是主流模式。

由于我国长期实行计划经济，生产、流通各环节相互脱节，各物流有关行业、部门、企业均自成体系，独立运作的思想理念和运作模式根深蒂固，严重影响了物流效率。据有关部门调查，在工业企业中，36% 和 46% 的原材料物流由企业自身和供应方企业承担，而由第三方物流企业承担的仅为 18%。这是值得我们认真思考的问题。

二、内部物流——企业生产物流

（一）内部物流的概念

内部物流涉及生产运作管理，指企业在生产工艺中的物流活动，也就是生产企业的车间或工序之间，其原材料、零部件或半成品按工艺流程的顺序依次流过，使其最终成为产成品，送达成品库暂存的过程。这种物流活动是与整个生产工艺过程伴生的，实际上构成了生产工艺过程的一部分。

过去，人们在研究生产活动时，注重一个一个的生产加工过程，而忽视了将每一个生产加工过程串在一起，使得一个生产周期内物流活动所用的时间远多于实际加工的时间。所以，内部物流的研究可以大大缩短生产周期，节约劳动力。

（二）内部物流的重要性与库存管理改进

对应于流入物流的采购管理改善，在企业的内部物流组织中，关键就是库存管理的改善。

物料的配套管理是企业最关心的问题之一。从最早的 MRP 到后来的 MRP Ⅱ、ERP，如何有效地降低库存都是这些系统的核心功能。在解决库存管理问题的过程中，物流管理是解决库存结构不合理的重要手段，也是 ERP 系统中最核心的基础数据，可以说，正确的物流管理是解决产品结构不合理问题的基础。只有物流管理准确了，才可以做到按需采购、按需存储、按需发料。但不幸的是，许多企业就是在物流管理结构尚不准确的时候实施 ERP，连基础都没有了，项目如何会成功？

对物料实物管理水平的提高，需要依靠硬环境和软管理两方面同时提高。硬环境主要是指仓库的厂房设施、通风状况等方面的环境；软管理是指借助先进的管理模式和信息系统及时发现和解决管理中的问题，借以提高整体运作水平。

（三）内部物流的过程

企业内部物流过程大致为：原材料、零部件、燃料等辅助材料从企业仓库和企业的“门”开始，进入生产线开始端，再随生产加工过程各个环节运动，在运动过程中本身被加工，同时产生了一些废料、余料（进入逆向物流），直到生产加工终结，再运送至成品仓库，企业生产物流过程便终结了。

传统上，内部物流的组织是由企业自己完成的。随着供应链管理思想的发展，现在出现了委托第三方物流直接将物料配送到工位的模式。

三、流出物流——企业销售物流

（一）流出物流的概念

流出物流是企业销售物流，是将生产出的产品向批发商、零售商传递的物流，它是企业为保证自身的经营效益，伴随销售活动，通过购销或代理协议，将产品所有权转移给用户（或者说将产成品转移到流通环节）的物流活动。在现代社会中，市场是一个完全的买方市场，因此，流出物流活动便带有极强的服务性，以满足买方的需求，最终实现销售。在这种市场前提下，销售往往送达用户并经过售后服务才算终止，因此，销售物流的空间范围很大，这便是销售物流的难点所在。在这种前提下，企业销售物流的特点便是通过包装、送货、配送等一系列物流实现销售。这就需要研究送货方式、包装水平、运输路线等，并采取诸如少批量、多批次、定时、定量配送等各种特殊的物流方式达到目的，因而，其研究领域是很广的。

目前，国内很多厂商正考虑构建自己的物流系统，向位于流通最后环节的零售店直送产品。构建厂商到零售商的直接物流体系时，一个最明显的措施是实行厂商物流中心的集约化，将原来分散在各支店或中小型物流中心的库存集中在大型物流中心，通过数字化设备或信息技术实现进货、保管、在库管理、发货管理等物流活动的效率化、省力化和智能化，原来的中小批发商或销售部转变为厂商销售公司的形式，专职从事销售、促进订货等商流服务。物流中心的集约化从配送的角度来看造成了成本上升，但是，它削减了与物流相关的人力费、保管费、在库成本等费用，从整体上提高了物流的效率。

（二）流出物流的重要性与销售管理改进

企业流出物流的组织要从销售管理的改善着手。销售环节是企业最容易出问题的地方。因为销售是将企业的投入最终转变为现金再回笼的过程，对于销售环节中的问题，也可以从管理基础和管理工具两个方面寻求解决的办法。

例如，销售中最容易出现的“两张皮”现象（销售部门的数据与财务部门的数据对不上），就主要依靠管理工具来解决。通过企业联网，销售部门和财务部门可以共用一套基础数据，避免了信息孤岛。财务部门的数据是通过正式开具的发票统计形成的，销售部门的数据则是在此基础上增加了已开提货单但尚未开发票的数据，从根本上解决了销售中的“两张皮”问题。

客户的信用管理是销售过程中另一个重要的管理问题，这主要是通过提高基础数据的准确性来解决的。因为客户的信用一方面是靠外部调查、收集获得，另一方面是通过在本企业中不断积累客户的历史资料获得，如其提货数量、回款周期等方面的数据可以不断积累。

分销管理是现在企业广泛关注的问题，广域网上的库存管理依靠手工是无法有效完成的，通过建设基于广域网的管理信息系统，可以使全国各地的库存都由公司总部进行管理，这样可以充分发挥计算机网络的优势，实现管理的“零距离”。

（三）流出物流的过程

流出物流的起点一般情况下是生产企业的产成品仓库，经过分销物流完成长距离、干线的物流活动，再经过配送完成市内和区域范围的物流活动，到达企业、商业用户或最终消费者手中。流出物流是一个逐渐发散的物流过程，这和流入物流形成了一定程度的镜像对称，通过这种发散的物流，资源得以广泛配置。

（四）流出物流的模式

流出物流有三种主要的模式：由生产企业自己组织流出物流；委托第三方组织流出物流；由购买方上门取货。其中，委托第三方物流完成分销物流是主流模式。

但是，如同流入物流的问题一样，流出物流在我国的社会化程度并不高。据有关部门调查，在工业企业中，产品流出物流中由企业自理、用户自理的比例分别是 24.1% 和 59.8%，而由第三方物流企业承担的仅为 16.1%；在商业企业中，由企业自理和供货商承担的物流活动分别为 76.5% 和 17.6%。这种以自我服务为主的物流活动影响着供应链物流的整体绩效，我们必须打破这种自我循环的运作模式，提高物流活动的社会程度，才能降低供应链总成本。

四、逆向物流——企业废弃物物流

企业废弃物物流是指对企业排放的无用物进行运输、装卸、处理等的物流活动。企业在生产、供应、销售活动中总会产生各种边角余料和废料，这些东西的回收是需要伴随物流活动的，而且在一个企业中，回收物品处理不当，往往会影响整个生产环境，甚至影响产品质量，还会占用很大的空间，造成浪费。

（一）逆向物流的产生及其概念

近年来，各行业的知名企业，如通用汽车、IBM、3M、西尔斯、强生、雅诗兰黛等，通过实施一系列控制措施，引进信息化系统，开始着手在逆向物流管理领域降低由退货造成的资源损失。对逆向物流的关注，不但为企业带来了直接的积极后果，还获得了成本下降、客户满意度提高、环保等多方面的间接经济与社会效益。

逆向物流管理与正向物流管理（产品由企业到消费者的物流过程），一向是物流的孪生姊妹，然而在过去几十年里，无论是理论界还是企业界，对逆向物流的关注都很少。与在聚光灯下的正向物流相比，逆向物流仿佛一直都处于黑暗中。

近几年，逆向物流开始受到企业界和理论界的重视。“逆向物流也许是企业在降低成本中的最后一块处女地了。”西尔斯负责物流的执行副总裁曾这样说。国外的一篇商业评论也指出：“退货中所孕育的未知机会，直到现在还少有企业考虑过。”而美国物流管理协会的资深专家、南佛罗里达大学教授詹姆斯·斯托克对逆向物流的描述更为精辟：“公司对退货如何处置，已经成为一项标新立异的竞争战略，正成为提高效率的全新领域。”1999 年，美国逆向物流委员会的专项调查表明，当年美国各企业逆向物流的成本超过了 350 亿美元。

学者们对逆向物流的定义有多种表述。逆向物流其实是与传统供应链方向相反，为恢复价值或进行合理处置，而对原材料、中间库存、最终产品及相关信息，从消费地到起始点的实际流动所进行的有效计划、管理和控制过程。从使用过的包装物到处理过的电脑设备、从未售商品的退货到机械零件的回收等，都可以归入逆向物流的范畴。

近几年，企业界对逆向物流也产生了浓厚兴趣。因为随着资源枯竭的威胁加剧，对使用过的产品及材料的再生恢复，逐渐成为企业满足消费市场需求的关键力量。同时，世界各国纷纷制定减少浪费的政策，促使企业以循环使用理念取代一次使用的观念。此外，消费者日益高涨的呼声也要求企业最大限度地降低产品与加工流程对环境的影响。

在这些力量的推动下，过去 10 多年中，产品的恢复再生无论在规模还是在范围上都有了巨大发展。全球主要复印机厂商施乐、佳能等均投入大量财力、物力对使用过的设备进行再生产。

全新的资源环境观和经济观的演变，导致逆向物流进入了突破性发展阶段。在某种意义上，有着“绿色物流”“环保物流”美誉的逆向物流，对于优秀企业而言，还承载着另外一项重要职责——显示公司竞争力和领先优势的利器。于是，通用汽车、沃尔玛、3M 以及许多在线零售商等，都将逆向物流提到高层会议上，因为它们清楚地知道，有效的逆向物流系统和流程能够节约成本、增加利润，并提高客户服务质量。

（二）逆向物流的分类及其特点

逆向物流作为企业价值链中特殊的一环，与正向物流相比，有着明显的不同。首先，逆向物流产生的地点、时间和数量是难以预测的；正向物流则不然，按量、准时和指定发货点是其基本要求。其次，发生逆向物流的地点较为分散、无序，不可能集中一次向接收点转移。再次，逆向物流发生的原因通常与产品的质量或数量的异常有关。最后，逆向物流的处理系统与方式复杂多样，不同处理手段对恢复资源价值的贡献差异显著。对逆向物流的特点重视与否，形成了企业逆向物流管理能力以及水平的高低。

按成因、途径和处置方式的不同，根据不同产业形态，逆向物流被学者分为投诉退货、终端退回、商业退回、维修退回、生产报废和副品以及包装六大类别。表 5.4 显示了六类逆向物流的特点。

表 5.4　逆向物流的类别与特点

类别	时间	处理依据	处理方法	示例
退货 运输短少、偷盗、质量问题、重复运输等	短期	市场营销、客户满意服务	确认检查，退换货、补货	电子消费品如手机、DVD、录音笔等
终端退回 经使用后需处理的产品	长期	经济、市场营销	再生产、再循环	电子设备的再生产，地毯循环，轮胎修复
		法规条例	再循环	白色和黑色家用电器
		资产恢复	再生产、再循环、处理	电脑元件及打印硒鼓
商业退回 未使用商品退回还款	短到中期	市场营销	再使用、再生产、再循环、处理	零售商积压库存、时装、化妆品
维修退回 缺陷或损坏产品	中期	市场营销、法规条例	维修处理	有缺陷的家用电器、零部件、手机
生产报废和副品 生产过程中的废品和副品	较短期	经济、法规条例	再循环、再生产	药品行业、钢铁业
包装 包装材料和产品载体	短期	经济	再使用	托盘、条板箱、器皿
		法规条例	再循环	包装袋

表 5.4 中列出的六类典型的逆向物流普遍存在于企业的经营活动中，其涉及的部门从采购、配送、仓储、生产、营销到财务部门。因此，从事逆向

物流管理的部门需要处理大量协调、安排、处置、管理与跟踪的工作。然而在许多企业，逆向物流的管理往往被忽视或简单化，甚至被认为是多余的。企业想通过建立有效的逆向物流系统来挖掘新的利润源、提高客户满意度绝非易事，它需要强大的信息系统和运营管理系统的支持。当然，有效的逆向物流带给企业的回报也是非常丰厚的。

第六章　信息基础在供应链管理中的应用

第一节　信息技术在供应链管理中的应用

供应链管理需要强大的信息技术支持，特别是最新的信息技术在供应链中的应用，可以大大减少供应链运行中的无效或不增值的劳动。

根据信息技术在供应链管理主要领域的应用，可以归纳出如图 6.1 所示的应用领域。

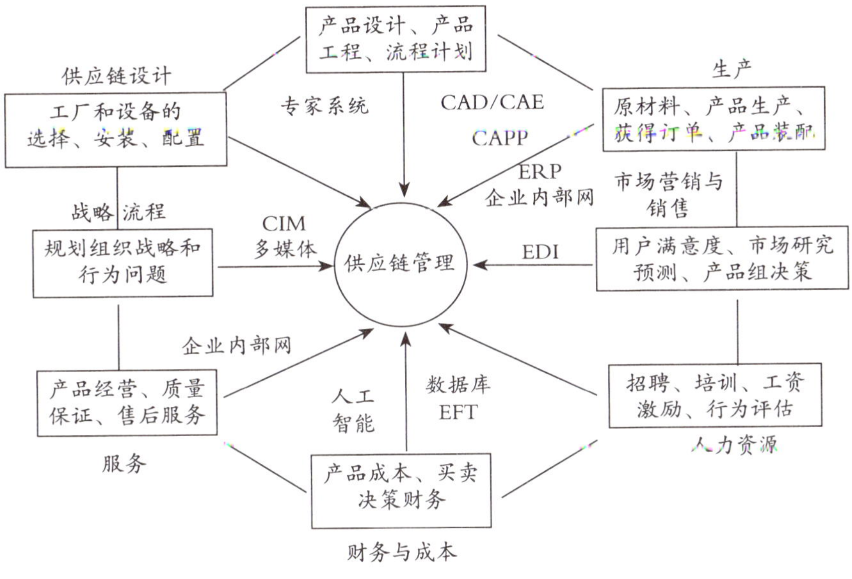

图 6.1 信息技术在供应链管理中的应用

从图 6.1 中可以看出，供应链管理涉及的主要领域有产品开发、生产组织、财务与成本核算、市场营销 / 销售、战略流程优化、服务、人力资源管理等多个方面，通过采用不同的信息技术，可以提高这些管理职能领域的运作绩效。

EDI 是供应链管理的主要信息手段之一，特别是在国际贸易中有大量文件传输的情况下，EDI 的作用非常明显。EDI 是计算机之间相关业务数据的交换工具，有一致的标准以使交换成为可能。典型的数据交换是传给供应商的订单。EDI 的应用较为复杂，其费用也很昂贵，不过最新开发的软件包和远程通信技术使 EDI 更为通用。利用 EDI 能消除职能部门之间的障碍，使信息在不同职能部门之间通畅、可靠地流通，有效减少低效工作和非增值业务活动，同时可以通过 EDI 快速地获得信息，更好地进行通信联系、交流和为用户提供服务。

CAD/CAE/CAM 和多媒体的应用可以缩短订单流的提前期。如果把交货看作一个项目，为了消除物料流和信息流之间的障碍，就需要应用多媒体技术、共享数据库技术、人工智能、专家系统和 CIM 系统。这些技术可以改善企业内和企业之间计算机支持的合作的工作，从而提高整个供应链系统的效率。

加强企业内部各部门的联系及与企业外部的联系。例如，在企业内建立企业内部网络并设立电子邮件系统，使员工能便捷地相互收发信息。因特网的应用可以使企业方便地从其他地方获得有用数据，这些信息使企业在准确、可靠的信息帮助下做出准确决策，在全球竞争中获得成功。信息流程也可以通过电子邮件或其他群组沟通工具（如 MSN、QQ 等）的应用得到缩短。信息时代的发展需要企业在各业务领域中适当运用相关的信息技术。

实现战略规划目标的基本保证。企业战略的实施受到企业内部（生产能力、技能、员工合作、管理方式）各种信息因素以及供应链管理合作伙伴的影响，这意味着企业要处理大量的数据和信息，才能做出正确的决策去实现企业目标。例如电话会议、多媒体视听系统、网络通信、数据库、专家系统等，可以用来收集和处理数据。企业决策的准确度取决于收集的内外部数据的精确度和信息交换的难易度。

产品设计与开发的流程计划可被当作一个业务流程，产品本身需要产品设计、工程开发、流程计划的设计，这些阶段可以用 QFD、CE、CAD/CAE 和 CAPP 集成在产品开发中，减少产品开发周期中的非增值活动。

市场营销和销售是信息处理量较大的两个职能部门。市场研究在一定程度上是信息技术革新的主要受益者。市场营销和销售作为一个流程需要集成市场研究、预测和反馈等方面的信息。EDI 在采购订单、付款、预测等事务处理中的应用，可以提高用户和销售部门之间数据交换的工作效率，保证为用户提供高质量的产品和服务。

会计业务包括产品成本、买卖决策、资本投资决策、财务和产品组决策等。计算机信息系统通过在线成本信息系统和数据库，采用在线共享数据库技术和计算机信息系统完成信息的收集和处理。技术分析专家系统、财务专家系统能提高企业的整体投资管理能力，而且在技术分析专家系统中应用人工智能和神经网络技术可以增强某些非结构性问题的专家决策。人工智能的应用可以提高质量、柔性、利用率和可靠性，EDI 和 EFT 应用在供应链管理中可以提高供应链节点企业之间资金流的安全性和交换的快速性。

生产过程中的信息量大而且繁杂，如果处理不及时或处理不当，就有可能出现生产过程的混乱、停滞等现象，MRP Ⅱ、JIT、ERP 等技术的应用可以解决企业生产中出现的多种复杂问题，提高企业生产和整个供应链的柔性，保证生产及供应链的正常运行。

客户服务技术可以应用于企业之间的信息共享，以提高企业的服务水平，同时各种网络新技术的应用也可以改善企业之间的信息交互使用情况。管理信息系统提高了分销、物流、运输管理等工作的效率，减少了纸面作业，从而可以降低成本和提高用户服务水平。

供应链设计中运用 CIM、CAD、仿真、专家支持系统等技术，有助于供应链节点企业的选择、定位和资源、设备的配置。这些决策支持系统有助于提高核心企业决策的及时性和正确性。

人力资源管理中，人类行为工程也开始在企业管理中得到应用，它的主要职能是组织、开发、激励企业的人力资源。在企业系统的工作设计、培训、组织重构中应用人类行为工程，可以帮助企业提高从最高领导层到车间的人力效率，而多媒体、CAD/CAM 和因特网等技术的应用可以提高员工之间的合作水平、降低工作压力。

第二节　供应链管理信息技术支撑体系

一、基于 EDI 的供应链信息组织与集成模式

国际标准化组织将 EDI 定义为“将商业或行政事务处理，按照一个公认的标准，形成结构化的事务处理或信息数据格式，从计算机到计算机的数据传输”。

EDI 在供应链管理的应用中，是供应链企业信息集成的一种重要工具，一种在合作伙伴企业之间交互信息的有效技术手段，特别是在全球进行合作贸易时，它是在供应链中连接节点企业的商业应用系统的媒介。通过 EDI，企业可以快速地获得信息、提供更好的服务、减少纸面作业、改善沟通和通信、提高生产率、降低成本，并且 EDI 能为企业提供实质性的、战略性的好处，如改善运作、改善与客户的关系、加快对客户的响应、缩短事务处理周期和订货周期、减少订货周期中的不确定性、增强企业的国际竞争力等。

供应链中的不确定因素主要来自最终消费者的需求，必须对最终消费者

的需求做出尽可能准确的预测，供应链中的需求信息都源于而且依赖于这种需求预测。利用 EDI 相关数据进行预测，可以减少供应链系统的冗余性，因为这种冗余可能导致时间的浪费和成本的增加。通过利用预测信息，用户和供应商可以一起努力缩短订单周期。

将 EDI 和企业的信息系统集成起来能显著提高企业的经营管理水平。例如美国的福特公司把 EDI 视为“精细调整 JIT 的关键”；通用电气公司通过采用 EDI，采购部门的工作效率显著提高，节约了订货费用和人力成本；还有很多公司将 EDI 和 ERP 连接起来，EDI 集成到 ERP 之后，可以使公司库存减少 80%，交货时间缩短一半。

EDI 由于投资大、缺乏开放性等原因发展很慢，在美国也只有少数大公司采用，只能在大公司之间使用专用数据交换网。虽然我国 EDI 的应用起步较晚，但是近几年发展很快，越来越多的企业步入供应链管理领域，采用 EDI 支持供应链运作管理。

基于 EDI 的供应链信息组织与集成模式如图 6.2 所示。

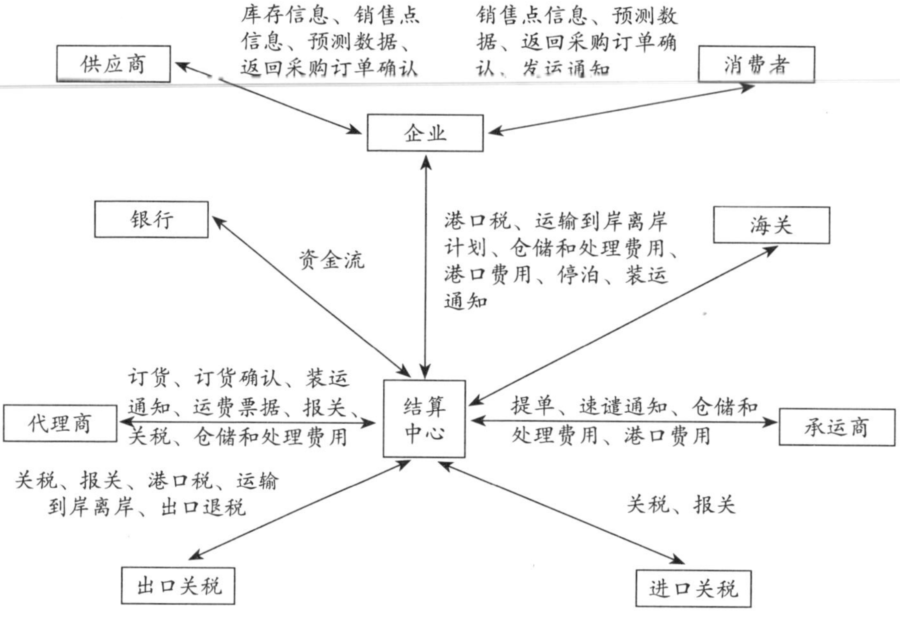

图 6.2　基于 EDI 的供应链信息组织与集成模式

在图 6.2 中，结算中心是一个连接所有节点的增值网络。包含所有商务信息的 EDI 数据信息发送到结算中心后，结算中心根据不同节点的要求做出处理，处理完毕后，再将有关文档输送回相关节点。

实现 EDI 的信息集成之后，供应链节点企业与有关商务部门之间也实现了集成，形成一个集成化的供应链，如图 6.3 所示。其基本过程是：先将企业各子公司和部门的信息系统组成局域网，在局域网的基础上组建企业级广域网，再和其他相关的企业与单位连接，通过 EDI 或因特网实现和其他企业的通信连接。随着因特网的发展，传统的客户 / 服务器模式也逐渐向 Browser/Server 模式转变，而后者在最近几年已经成为主流模式。

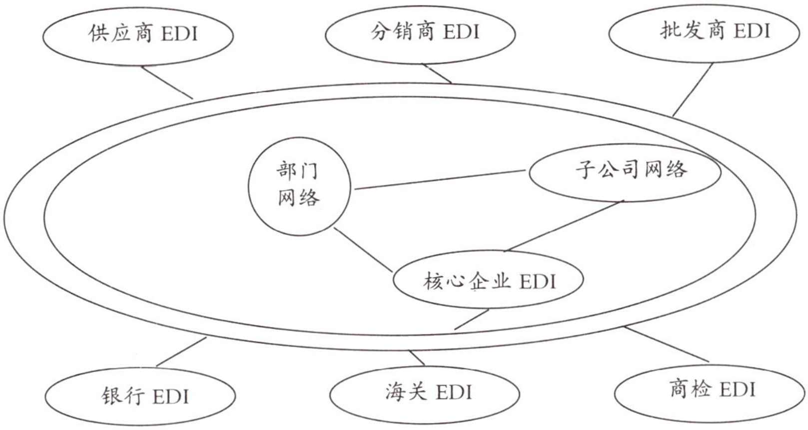

图 6.3　基于 EDI 的企业集成模式

建立基于 EDI 的供应链信息组织和传递模式，各企业必须遵守统一的商业操作模式（标准），采用标准的报文形式和传输方式。目前，广泛采用的是联合国贸易数据交换标准——UN/EDIFACT。

供应商和用户（分销商、批发商）一起协商确定标准报文。首先，用户（分销商、批发商）提供商品的数据结构；然后，由 EDI 标准专业人员在 EDIFACT 标准中选取相关的报文、段和数据元。

除了传统的 EDI 数据交换模式外，随着因特网的出现，也可以采用一种新的基于因特网的 EDI 模式：Internet/MIME 的 EDI 模式，如图 6.4 所示。因特网灵活多样的入网方式和开放统一的通信标准消除了贸易伙伴之间的通信壁垒，而且费用低、带宽高，有利于减少 EDI 的通信成本和时间。因此，利用因特网传输 EDI 单证，更适用于供应商对零散用户的库存管理。另外，采用 Internet/EDI 模式，一方面丰富了 EDI 单证的交换方式，另一方面可以利用电子邮件传送多媒体的功能，丰富 EDI 的内容，把传统的基于文本格式的单证扩展成多媒体形式，使单证图文并茂。如供应商向用户提供报价信息时，也提供商品的外观图像，有助于用户选择商品。

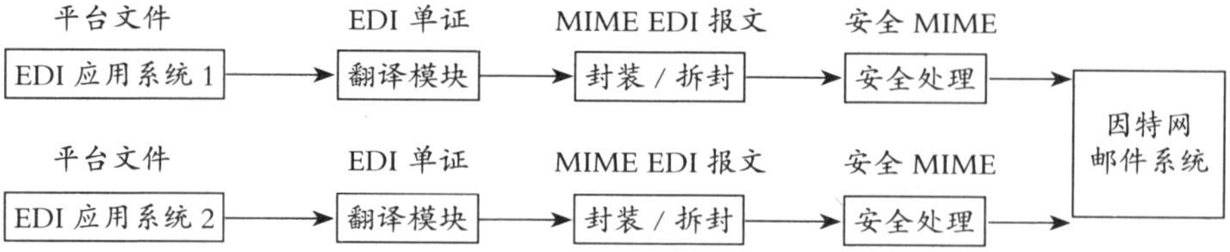

图 6.4　基于 Internet/MIME 的 EDI 模式

采用电子邮件传输 EDI 单证需要特殊的封装技术。首先是对 EDI 的传输编码进行处理，并封装在 Internet/MIME 电子邮件的本体，然后利用因特网电子邮件传输系统进行传输。

安全性也是 EDI 应用需要考虑的问题，基于因特网的 EDI 报文的安全性可以通过 Internet/MIME 的安全框架和安全协议来实现。

EDI 的应用的确提高了供应链的管理效率，使供应链上的零售业、制造业和物流服务业都获得了效益，在供应链上应用 EDI 技术的水平也越来越高。随着我国加入 WTO，国内市场与国际市场已基本上融为一体，逐渐成为全球市场的一部分。为了保持和增强我国在国际市场上的贸易竞争能力，促进我国供应链管理的不断发展，我们必须顺应世界电子信息产业发展的潮流，不失时机地在应用 EDI 技术的基础上大力发展现代信息技术。

二、基于因特网的供应链信息组织与集成

信息技术尤其是网络技术的迅速发展，使当今世界进入网络社会的前沿，集电话、电视、计算机、传真为一体的网络通信方式已成为社会的时尚。网络社会的来临将促进经济的发展。

早在 1997 年，惠普公司副总裁索佐诺夫在阐述全球信息产业发展的四大趋势时就指出，除了信息需求的增加、计算机能力的增强、对可靠性、可扩展性及简化复杂计算机元件的需求增加这三大趋势外，因特网将被历史学家看作工业革命及汽车发明以来最重要的发展，随着网络安全性的提高，因特网将成为电子交易的全面处理工具，整个市场供应链将被重组。今天的因特网所带给人类的，已不仅仅是单纯的电子邮件或宣传企业形象，运用因特网开拓商机已成为当今最热门的话题。事实告诉我们，全球性的新的网络时代还会有更大的发展。

计算机模式的变化以螺旋式的方式发展。在计算机应用初期，中央计算模式占据绝对主导地位，它的特点是维护简单，但弊端是终端用户对资源和数据几乎没有控制权。随着个人计算机和网络计算的广泛应用，C/S 模式受到用户的推崇，它在把控制权交给最终用户的同时，仍然保持了对后台数据

和资源的集中控制与管理，实现了灵活与可管理性之间的平衡。然而，随着应用需求和客户端数量的激增，C/S 模式面临着许多难以解决的问题，主要体现在以下三个方面。

①客户端整体拥有成本上升。用户在使用过程中需要花费大量的时间和经费来维护客户端的正常运行，包括硬件的升级换代和软件的修改与升级。据统计，普通的计算机用户平均要花费 27% 的工作时间用于应对 Windows 操作系统出现的问题，再加上应用程序可能出现的问题，用户有可能有 1/3 的时间无法正常工作。高德纳咨询公司的调查表明，在 20 世纪 90 年代的美国，一台计算机的年维护费用高达 9800 美元。

②数据散乱，难以控制。采用 C/S 模式时，大型企业每个独立的部门都要配置服务器，以支持该部门的业务运作。这种做法除了导致维护费用上升外，还带来了另一个严重的问题——数据分散。例如，一家集团公司里有销售、生产、运输等部门，各部门分别有自己的服务器系统。当公司总裁需要了解整个公司的运作情况时，他必须对这些数据进行集中管理，公司需要额外配备其他的数据收集、整理软件，导致成本上升。

③系统维护困难。为了保证客户机和服务器的正常运行，信息技术系统管理员常常疲于奔命，解决系统出现的软硬件问题。

C/S 模式的种种问题促使人们研究更为有效的计算机和网络技术。

（一）基于因特网的供应链信息集成结构思想

因特网的出现无疑为解决以上问题提供了一条新的途径，这就是基于因特网计算模式的 Browse/Server（B/S）模式。这种新兴的计算模式将桌面端繁杂的工作完全转移到被集中管理的服务器上，终端用户只需要通过浏览器就可以轻松访问所有的应用。同时，由于终端用户采用的浏览器是标准软件，因此，大大降低了维护和培训需求，从而也相应地降低了企业信息技术系统的整体拥有成本。

B/S 结构设计尤其适用于供应链管理信息系统，基于因特网的供应链企业管理信息系统可以更好地实现企业内部及企业之间信息的组织与集成。

因特网在供应链企业中的应用以及与企业内部网的集成，是不可避免的趋势。虽然目前基于 TCP/IP 协议和 WWW 规范的软件工具还不能完全满足管理信息系统范畴中的一些较为复杂的数据处理、信息统计、管理方法和分析模型的要求，功能还不太完善，但目前基于局域网和 C/S 的 MRP 迟早要被基于 TCP/IP 协议和 WWW 规范的因特网集成模式取代。如果将管理信息系统的部分功能转移到因特网上，或者是基于因特网技术和思路开发管理信息系统，则实现后的管理信息系统将与传统的管理信息系统在操作运行模式上有相当大的区别。

因特网面对的是全球的用户，是企业走向全球市场的“桥梁”；而企业内部网面向企业内部，是企业内部凝聚各个部门、每个员工的“蜘蛛网”。通过因特网的集成，使企业实现信息资源的全球化，提高企业网络的整体运行效率和管理效率，实现从传统管理信息系统向因特网集成模式的转变。

因特网集成基础上的管理信息系统的技术特点如下：

①基于 TCP/IP 协议和 WWW 规范，在技术上与因特网同源；

②主要是加强企业内外部信息沟通、共享资源、协同信息处理；

③双向、全面，而且是不分地域、不限时间的信息沟通；

④对内可全面支持企业的经营管理决策和日常办公事务处理工作，对外可形成企业对外信息发布和产品宣传以及营销策略的工具；

⑤超文本链接简化了信息查询和检索；

⑥无处不在的浏览器窗口。

（二）网络系统安全问题

网络安全至关重要。安全性是一个多方面的问题，系统必须保证只允许适当的人访问适当的信息，而其他人都不允许访问这些信息；同时，安全问题要求 web 服务器为服务器和浏览器之间的通信提供加密技术，这可以保证有效地获取信息并防止信息被截取。

（三）基于因特网的供应链企业信息组织与集成模式

实施供应链管理的企业在构建管理信息系统时，要正确处理各种关系，并充分考虑各种因素的影响。根据企业所处环境、自身条件和营销策略，建立一种现代企业的管理信息系统，这包括企业经营观念、方式和手段的转变，它将导致新的深层次变革。

一般企业可以通过高速数据专用线连接到因特网骨干网中，通过路由器与自己的内部网络相连，再由内部网络的主机或服务器为其内部各部门提供存取服务。

在供应链企业的管理信息系统中，计算机（个人计算机、工作站、服务器）可以既是因特网的节点，又是内部网络的节点，它们之间范围的界定由服务范围和防火墙限定。基于因特网的供应链企业信息组织与集成模式如图 6.5 所示，这也是基于供应链管理的因特网集成化管理信息系统的网络结构模型。

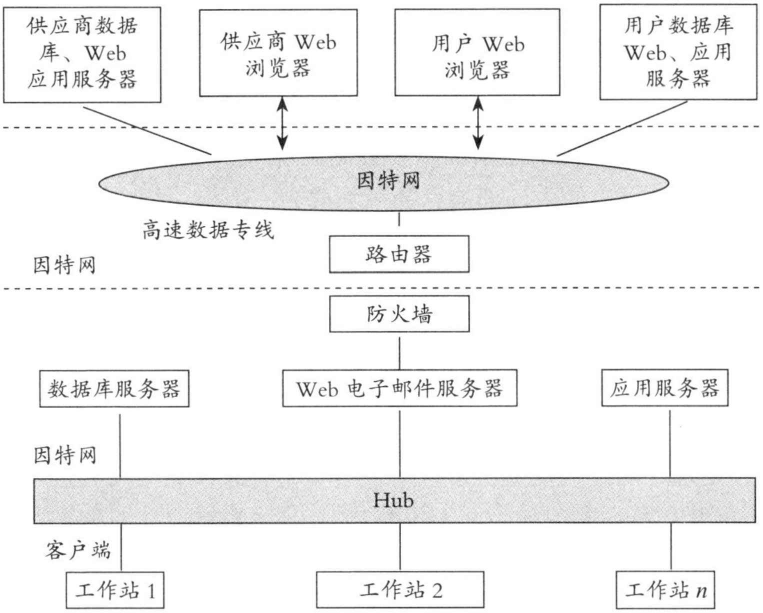

图 6.5　基于因特网的供应链企业信息组织与集成模式

根据该结构，可以在供应链企业中充分利用因特网和内部网络建立三个层次的管理信息系统。

1. 外部信息交换

企业首先应当建立一个 Web 服务器（因特网和内部网络软件的主要部分）。通过因特网，一方面完成对企业在不同地域的分销商、分支机构、合作伙伴的信息沟通与控制，实现对重要客户的及时访问与信息收集；另一方面可以实现企业的电子贸易，在网上进行售前、售中、售后服务和金融交易。这一层次的工作主要由企业外部的因特网信息交换来完成。企业需要与交换对象签订协议，规定信息交换的种类、格式和标准。

2. 内部信息交换

管理信息系统的核心是企业的内部网络，因为企业的事务处理、信息共享、协同计算都是建立在企业内部网上的，要与外部交换信息也是以企业内部网组织的信息为基础的。因此，企业在建立了硬件框架之后，关键工作就是决定在因特网上共享信息的组织形式。信息处理系统主要完成数据处理、状态统计、趋势分析等任务。信息处理系统大部分由以往企业部门内部独立的个人计算机应用系统组成，涉及企业内部所有部门的业务流程。信息处理系统所处理的信息是企业内部信息共享的主要对象。

3. 信息系统的集成

集成化供应链管理环境下，要实现企业内部独立信息处理系统之间的信息交换，就需要设计系统之间信息交换的数据接口。以往企业各部门的信息系统之间往往由于系统结构、网络通信协议、文件标准等的不统一而呈现分离的局面，而通过因特网的“标准化”技术，企业内部网将以更方便、成本更低的方式来集成各类信息系统，更容易实现数据库的无缝连接。企业通过供应链管理软件可以使内外部信息环境集成为一个统一的整体平台。

同样，在实现信息基于因特网的组织与集成以后，供应链企业之间也形成了一个基于因特网的集成网络模型。

三、基于无线射频识别技术的企业信息组织与集成

无线射频识别技术（RFID）能够在复杂的多步骤供应网络中跟踪产品供应情况，是理想的高效供应链管理解决方案，使众多行业受益匪浅。沃尔玛在 2014 年发文要求美国前 100 大供货商从 2015 年 1 月 1 日开始，凡是送往达拉斯地区几个仓库的商品都要使用 RFID 卷标。某市场研究公司指出，除了沃尔玛推动 RFID 技术部署之外，美国的百思买、塔吉特以及英国的特易购也在推动 RFID 计划，而美国国防部以及食品药品监督管理局也鼓励推动 RFID 计划。

RFID 这项利用无线电波来传送、识别资料的系统，目前逐渐被广泛应用。与旧条形码印刷相比较，RFID 具有资料可更新、方便辨识、资料存储容量更大、可重复使用、可同时读取数种资料以及安全性更高的优点。

（一）RFID 简介

RFID 是利用无线电波对记录媒体进行读写。射频识别的距离在几十厘米至几米，根据读写的方式，可以输入数千字节的信息，还具有极高的保密性。RFID 适用的领域有物料跟踪、运载工具和货架识别等要求非接触数据采集和交换的场合，对要求频繁改变数据内容的场合尤为适用。如香港的车辆自动识别系统驾易通，采用的主要技术就是 RFID。目前，国内外装有 RFID 电子标签的汽车已不计其数，配有电子标签的车辆通过装有射频扫描器的专用隧道、停车场或高速公路路口时，无须停车缴费，大大提高了行车速度和效率。RFID 在其他物品的识别及自动化管理方面也得到了较广泛的应用。

（二）RFID 系统的组成

RFID 系统在具体的应用过程中，根据不同的应用目的和应用环境，系统的组成会有所不同，但从 RFID 系统的工作原理来看，系统一般都由信号发射机、信号接收机、编程器、天线几部分组成；下面分别进行简要说明。

1. 信号发射机

在RFID系统中，信号发射机为了不同的应用目的，会以不同的形式存在，典型的形式是标签。标签相当于条形码技术中的条形码符号，用来存储需要识别、传输的信息。与条形码不同的是，标签必须能够自动或在外力的作用下，把存储的信息主动发射出去。标签一般是带有线圈、天线、存储器与控制系统的低电集成电路。按照不同的分类标准，标签有多种分类。

①主动式标签和被动式标签。在实际应用中，必须给标签供电它才能工作，虽然它的电能消耗是非常低的（一般是百万分之一毫瓦级别）。按照标签获取电能的方式不同，可以把标签分成主动式标签和被动式标签。主动式标签内部自带电池进行供电，它的电能充足，工作可靠性高，信号传送的距离远。另外，主动式标签可以通过设计电池的不同寿命对标签的使用时间或使用次数进行限制，它可以用在需要限制数据传输量或者使用数据有限制的地方，比如，一年内标签只允许读写有限次。主动式标签的缺点主要是标签的使用寿命受到限制，而且随着标签内电池电力的消耗，数据传输的速度和准确性会受到影响。被动式标签内部不带电池，要靠外界提供能量才能正常工作。被动式标签产生电能的典型的装置是天线与线圈，当标签进入系统的工作区域，天线接收到特定的电磁波，线圈就会产生感应电流，再经过整流电路给标签供电。被动式标签具有永久的使用期，常常用在标签信息需要每天读写或频繁读写多次的地方，而且被动式标签支持长时间的数据传输和永久性的数据存储。被动式标签的缺点主要是数据传输的距离要比主动式标签近。因为被动式标签依靠外部的电磁感应供电，它的电能比较弱，数据传输的距离和信号强度受到限制，需要敏感性比较高的信号接收器（阅读器）才能可靠识读。

②只读标签和可读可写标签。根据内部使用存储器类型的不同，标签可以分为只读标签和可读可写标签。只读标签内部只有只读存储器和随机存储器。只读存储器用于存储发射器操作系统说明和安全性要求较高的数据，它与内部的处理器或逻辑处理单元一起实现内部的操作控制功能，如响应延迟时间控制、数据流控制、电源开关控制等。另外，只读标签的只读存储器中还存储着标签的标识信息。这些信息可以在标签制造过程中由制造商写入只读存储器中，也可以在标签开始使用时由使用者根据特定的应用目的写入特殊的编码信息。这种信息可以只简单地代表二进制中的“0”或者“1”，也可以像二维条形码那样，包含复杂的、相当丰富的信息，但这种信息只能是一次写入、多次读出。只读标签中的随机存储器用于存储标签反应和数据传输过程中临时产生的数据。另外，只读标签中除了只读存储器和随机存储器

外，一般还有缓冲存储器，用于暂时存储调制后等待天线发送的信息。

可读可写标签内部的存储器除了只读存储器、随机存储器和缓冲存储器之外，还有非活动可编程记忆存储器。这种存储器除了具有存储数据功能外，还具有在适当的条件下允许多次写入数据的功能。非活动可编程记忆存储器有许多种，电可擦除可编程只读存储器是比较常见的一种，这种存储器在加电的情况下，可以实现对原有数据的擦除以及数据的重新写入。

③标识标签和便携式数据文件。根据标签中存储器数据存储能力的不同，可以把标签分成仅用于标识目的的标识标签和便携式数据文件两种。对于标识标签来说，一个数字或者多个数字、字母、字符串存储在标签中，实现识别的目的或者作为进入信息管理系统中数据库的钥匙。条形码技术中标准码制的号码，如 EAN/UPC 码、混合编码，或者标签使用者按照特殊的方法编制的号码，都可以存储在标识标签中。标识标签中存储的只是标识号码，用于对特定的标识项目，如人、物、地点进行标识。关于被标识项目的详细、特定的信息，只能在与系统相连接的数据库中进行查找。

便携式数据文件就是说标签中存储的数据非常大，足可以看作一个数据文件。这种标签一般都是用户可编程的，标签中除了存储标识码外，还存储着大量的被标识项目的其他相关信息，如包装说明、工艺过程说明等。在实际应用中，关于被标识项目的所有信息都是存储在标签中的，读标签就可以得到关于被标识项目的所有信息，而不用再连接到数据库进行信息读取。另外，随着标签存储能力的提高，可以提供组织数据的能力。在读标签的过程中，可以根据特定的应用目的控制数据的读出，以便在不同的情况下读出数据的不同部分。

2. 信号接收机

在 RFID 系统中，信号接收机一般叫作阅读器。根据支持的标签类型与完成的功能不同，阅读器的复杂程度有所不同。阅读器的基本功能就是提供与标签进行数据传输的途径。另外，阅读器还提供相当复杂的信号状态控制、奇偶错误校验与更正功能等。标签中除了存储需要传输的信息外，还必须含有一定的附加信息，如错误校验信息等。识别数据信息和附加信息按照一定的结构编制在一起，并按照特定的顺序向外发送。阅读器通过接收到的附加信息来控制数据流的发送。一旦阅读器的信息被正确地接收和译解后，阅读器通过特定的算法决定是否需要发射机对发送的信号重发一次，或者指导发射器停止发送信号，这就是“命令响应协议”。使用这种协议，即使在很短的时间、很小的空间阅读多个标签，也可以有效地防止“欺骗问题”的产生。

3. 编程器

只有可读可写标签系统才需要编程器。编程器是向标签写入数据的装置。编程器写入数据一般来说是离线完成的，也就是预先在标签中写入数据，等到开始应用时再直接把标签贴附在被标识项目上。也有一些 RFID 应用系统，写入数据是在线完成的，尤其是在生产环境中作为交互式便携数据文件来处理时。

4. 天线

天线是标签与阅读器之间传输数据的发射、接收装置。在实际应用中，除了系统功率，天线的形状和相对位置也会影响数据的发射和接收，需要专业人员对系统的天线进行设计、安装。

（三）无线数据通信

标签与阅读器之间的数据传输是通过空气介质以无线电波的形式进行的。一般来说，我们可以用两个参数衡量数据在空气介质中的传播——数据传输的速度和数据传输的距离。由于标签的体积、电能有限，从标签中发出的无线信号是非常弱的，信号传输的速度与传输的距离就很有限。为了实现数据高速、远距离传输，必须把数据信号叠加在一个规则变化的信号比较强的电波上，这个过程叫作调制，规则变化的电波叫作载波。在 RFID 系统中，载波电波一般由阅读器或编程器发出。有多种方法可以实现数据在载波上的调制，如用数据信息改变载波的波幅叫调幅、改变载波的频率叫调频、改变载波的相位叫调相，等等。

一般来说，使用的载波频率越高，数据传输的速度就越快。例如，2.4GHz 频率的载波，可以实现 2Mbps（相当于每秒可以传输大约 200 万个字符）。但是，不能无限地提高载波频率，以提高信息传输速度，因为无线电波频率的选用是受到政府管制的，各个国家一般都对不同频率的无线电波规定了不同的应用目的，RFID 技术无线电波的选择也必须遵守这种规定。目前，国内一般采用通信频率为 2.4GHz 的扩频技术进行通信。这是因为在我国，2.4GHz~2.4835GHz 的频段是无须向国家无线电管理委员会申请使用许可证的公用频段。过去，商业的无线数据传输一般采用窄带传输，即使用比较单一的载波频率传输数据。现在，商业领域广泛使用扩频技术传输无线数据，即使用有一定范围的频率传输数据，这就有了带宽的概念，带宽就是通信中使用的最高的载波频率与最低的载波频率之差。使用宽带频率传输数据最明显的优势是数据传输的速度进一步加快，而且可靠性更高，因为当一个频率的载波线路繁忙或出现故障时，信息可以通过其他频率载波线路传输。实际商用宽带传输数据技术又可以分为两种，即直接序列扩频技术（简称直频技术）和跳频技术。

直频技术使用伪随机码对数据进行处理，得到扩频序列，然后将扩频序列调制通过不同的信道同时进行传输，信号接收装置收到信号后将信号解码并按照特定的算法重组信息，以还原成可以识读的信息。应用这种技术，系统占用功率的频谱密度（在单位频段上的发射功率）大大降低，信息扩展到一个比较宽的频率范围内传输，达到可抵抗其他特定频率干扰的目的。我国规定的开放频段与欧洲标准一致，参照欧洲标准，直频技术可以从 13 个信道（中心频点）中选用。为了免除自身干扰，选用的相互关联的不同信道，两两之间频率至少间隔 30MHz。这 13 个频点的设定位于 2.412GHz~2.472GHz，共有 60M 带宽。通常直频系统只能选择 2~3 个信道进行数据传播，在一定程度上不能充分利用频带资源，影响了数据的传播速度。另外，由于使用同一功率支持多个信道的数据传输，一个信道上载波的波幅就比较小，信息传输的距离受到限制。

跳频技术与直频技术完全不同，跳频的载频受一个伪随机码的控制，在其工作带宽内，不断地跳变频率。跳频相当于瞬时的窄带通信系统，在 2.4GHz~2.4835GHz 将信道设为 79 个，每隔 0.02~0.1 秒跳变一个频率。当跳跃至某个频点时，先判断该频点是否有噪声干扰，若无则传输信号，若有则依据算法跳至下一频点继续判断。因此在不同的频点，跳频的频率及传输率可能会变化，并且很难避免一些无谓的频率上的损耗，即在检测频点是否空闲时会造成信号传输延迟。另外，因为系统有响应时间限制，超过响应时间，跳频设备会认为检测信号发射失败（丢包），就会命令发射机重发，也将造成系统资源的浪费。变频技术的特点是保密性好，抗干扰能力比较强。与直频技术相比，信息传输的距离也比较远。商用系统的跳变频率较低，在每秒 50 跳以内，成本较低。

影响数据传输距离远近的首要因素是载波信号与标签中数据信号的强度，载波信号的强度受阅读器功率大小控制，标签中数据信号的强度由标签自带电池功率（主动式标签）或标签可以产生的电能（被动式标签）大小决定。一般来说，阅读器和标签的功率越大，载波信号和数据信号就越强，数据能够传输的距离也就越远。无线电波在空气介质中传播，随着传播的距离越来越远，信号的强度会越来越弱。从理论上说，无线电波的衰减程度与传输距离的平方成正比。在系统实际应用中应该注意的是，不能为了达到数据传输的距离而无限制地提高阅读器和标签的功率，因为与载波频率的选择一样，无线电波的功率是受政府管制的。除了系统功率影响数据传输的距离外，空气介质的性质和数据传输路径也会显著影响数据传输的距离。空气介质的性质包括空气的密度、湿度等。一般来说，采用的载波频率越高，空气性质不同对数据传输距离的影响就越明显。空气的湿度越大或者空气的密度越大，介质对无线电波的吸收越严重，数据传输的距离就越短。另外，如果数据传输路径中有许多障碍物，也会显著影响数据传输的距离，因为无线电波碰到障碍物时，物体一般会对无线电波产生吸收和反射。考虑到空气的性质和数据传输中会经过障碍物，无线电波衰减的程度有时可以与传输距离的四次方成正比。影响数据传输距离的因素还包括发射、接收天线的设计和布置，噪声干扰等。

（四）RFID 系统的分类

根据 RFID 系统具有的功能不同，可以粗略地把 RFID 系统分成四种类型：电子防窃系统、便携式数据采集系统、物流控制系统、定位系统。

1. 电子防窃系统

电子防窃系统（EAS）是一种设置在需要控制物品出入的门口的 RFID 技术。这种技术的典型应用场合是商店、图书馆、数据中心等。当未被授权的人从这些地方非法取走物品时，电子防窃系统会发出警告。在应用电子防窃技术时，首先在物品上贴附电子防窃标签。当物品被正常购买或者合法移出时，在结算处通过一定的装置使电子防窃标签失活，物品就可以取走。物品经过装有电子防窃系统的门口时，电子防窃装置能自动检测标签的活动性，一旦发现活动性标签，电子防窃系统就会发出警告。电子防窃技术的应用可以有效防止物品被盗，不管是大件的商品，还是很小的物品。应用电子防窃技术，物品不必再锁在玻璃橱柜里，可以让顾客自由地观看、检查，这在自选日益流行的今天有着非常重要的现实意义。

典型的电子防窃系统一般由三部分组成：附着在商品上的电子标签、电子传感器；电子标签灭活装置，以便授权商品能正常出入；监视器，在出口形成一定区域的监视空间。

电子防窃系统的工作原理是：在监视区，发射器以一定的频率向接收器发射信号。发射器与接收器一般安装在零售店、图书馆的出入口，形成一定的监视空间。当具有特殊特征的标签进入该区域时，会对发射器发出的信号产生干扰，这种干扰信号也会被接收器接收，再经过微处理器的分析判断，就能控制警报器的鸣响。根据发射器所发出的信号不同以及标签对信号干扰的原理不同，电子防窃系统可以分成多种类型。关于电子防窃技术最新的研究方向是标签的制作，人们正在讨论电子防窃标签能不能像条形码一样，在产品的制作或包装过程中加进产品，成为产品的一部分。

2. 便携式数据采集系统

便携式数据采集系统是使用带有阅读器的手持式数据采集器采集 RFID 标签上的数据。这种系统具有比较大的灵活性，适用于不宜安装固定式 RFID 系统的应用环境。手持式阅读器（数据输入终端）可以在读取数据的同时，通过无线电波数据传输方式（RFDC）实时地向主计算机系统传输数据，也可以暂时将数据存储在阅读器中，再一批一批地向主计算机系统传输数据。

3. 物流控制系统

在物流控制系统中，固定布置的 RFID 阅读器分散在给定的区域，并且直接与数据管理信息系统相连。信号发射机是移动的，一般安装在移动的物体和人体上。当物体和人流经阅读器时，阅读器会自动扫描标签上的信息并把数据信息输入数据管理信息系统进行存储、分析、处理，达到控制物流的目的。

4. 定位系统

定位系统用于自动化加工系统中的定位以及对车辆、轮船等进行运行定位支持。阅读器放置在移动的车辆、轮船上或者自动化流水线中移动的物料、半成品、成品上，信号发射机嵌入操作环境的地表下面。信号发射机上存储了位置识别信息，阅读器一般通过无线的方式或者有线的方式连接到主信息管理系统上。

（五）在基于 RFID 的供应链中实现信息组织与集成

1. 追踪货品来源

RFID 解决方案可确保任何供应链的高质量数据交流，以实现两个最重要的目标，即彻底实施“源头”追踪以及在供应链中提供完全透明度的能力。RFID 系统为每一件货品提供单独的识别身份及储运历史记录，从而提供了一个详尽而具有独特视角的供应链，实现了上述两个目标。

RFID 系统并不是采用中央计算机来记录每个托盘或货品箱的位置。RFID 系统能够清楚地获知托盘上货箱甚至单独货品各自的位置、身份、储运历史、目的地、有效期及其他有用信息。RFID 系统能够为供应链中的实际货品提供详尽的数据，并在货品与其完整的身份之间建立物理联系，用户可方便地访问这些完全可靠的货品信息。

RFID 解决方案可提供有关供应链性能的丰富而准确的信息，包括转运点、库存情况及运营情况。管理人员可由此快速识别并纠正低效率运作情况，因而可集中资源开发从财务、运营效率及安全方面都能提供最佳回报的解决方案，从而实现快速供货并最大限度地减少储存成本。

2. 确保供货速度

高效供应链管理系统必须是快速、精确的，用户只需要接受基本的培训。目前，各个行业对高效供应链系统的要求是更加简单易用。

以食品行业为例，所有供应给餐馆供应链中央分销中心的食品在离开生产线时都贴上 RFID 标签。当食品到达中央分销中心时，托盘通过一个门阅读器，读取托盘上所有货箱上的标签内容，即使堆叠在托盘底部的货签内容也能读取到。系统将这些信息与发货记录进行核对，以检测可能出现的错误，然后将 RFID 标签更新为最新的食品存放地点和状态。这样就能确保精确的库存控制，甚至可确切了解目前有多少货箱处于转运途中、转运的始发地和目的地，以及预期的到达时间等信息。

为了满足每个餐馆的订购要求，需要从中央分销中心选择必需的食品，放置在托盘上以便发货。在中央分销中心，在发送到餐馆供应链终端之前，食品被堆积在托盘上临时存放。在同一托盘上放置众多不同种类的食品，对现有系统来讲是一个难题，这需要大量人工处理。而借助 RFID 系统，由于不必排列货箱以便于读取或单独从中央分销中心的中央数据库中注销某个货箱，因而可按照餐馆订单快速填充托盘。当所有食品都装载到托盘上时，可在发货前同时对所有食品进行核对。

当食品到达餐馆时，另一个门阅读器确认收到的贴有标签的货品，在跟踪系统中及 RFID 标签上更新相应货箱的位置。系统还要交叉核对货品内容与原始订单是否吻合，以确保供应合适的货品和准确的数量。当餐馆厨房需要补充货源时，食品从储存地点转移到厨房的临时货品存放处，通过另一个门阅读器记录食品成功到达目的地的信息，并从系统中注销该食品。

在整个供应链中，跟踪食品和更新标签的信息被用于监控分销网络并自动记录发出及储存的食品数量，这就确保了及时供货，并带来了降低库存、理顺后勤流程等商业益处。库存水平，包括转运中的货品，都能从中央到地方的整个供应链中清楚地获悉。供应商可获悉餐馆的实际货品消耗水平，因而可快速响应食品需求的变化。

3. 超市显著的成本节约

在未来的数年中，智能标签将大量用于超市供应链及终端，直达消费者家中。RFID 标签免除了跟踪过程中的人工干预，并能够生成完全准确的物流数据，因而具有巨大的吸引力。

RFID 系统具有扩展到超市供应链以外的潜力，可以直接进入超市行业。智能货架可在每条货廊及每个核算付账处监控库存水平，因为 RFID 系统可高效扫描货品。即使在超市行业以外，RFID 系统也为消费者带来了极大的好处，未来订购新鲜牛奶将像从冰箱中拿出一盒奶那样简单。

4. 揭去货品的外衣，展露真实的身份

人们可以将 RFID 解决方案看作揭去了其他解决方案无法识别的货品外衣。通过识别每一个货品、货箱及托盘，智能标签为运营商提供了清晰了解分销链的方法，从而识别每一件货品，检查货品状态及来源，并将货品发送到供销网络中的任何地点。更重要的是，该系统使得供应链中通常“被动”的货品也能“告知”物流网络有关货品的需求状况、来源、名称、目的地、到达时间等信息，并在通过每一个阅读器时，真实地提供上述信息。

RFID 解决方案可在潜在的巨大供应链网络中，对每一件货品提供高效、详尽的控制，在从企业到消费者的整个供应链中，创建一系列可靠的货品信息。在每一个生产阶段及分销到最终消费领域，RFID 解决方案提供了针对每件货品安全性、成分来源及库存控制的合理决策工具。

第三节　电子化供应链管理

伴随着 20 世纪 90 年代科技的飞速发展，供应链管理发生了革命性的变化，尤其是因特网技术的发展对供应链管理产生了巨大的影响。21 世纪进入了电子商务时代，电子商务市场空间的扩展引人注目。在北美，电子商务已经深入日常生活的每一个角落，越来越多的企业希望通过电子商务的投资在竞争中保持优势。因特网为供应链企业之间的协作提供了集成的途径，也为供应链企业提供了更广阔的市场空间。在这样的环境下，E- 供应链管理的概念应运而生。

一、E- 供应链的产生

面对竞争日益激烈的全球市场环境，供应链必须对快速变化的全球市场需求做出反应，需求的预测和计划变得更加复杂和困难。基于因特网的电子商务模式的出现改变了企业传统买卖的模式，改变了企业与客户、合作伙伴、雇员之间的关系。事实上，电子商务改变了商业的各个方面。

随着因特网技术的发展，全球竞争与合作趋势越来越明显，供应链合作伙伴之间可以形成虚拟企业，虚拟企业组成的全球供应链促进了企业的生产运作和发展，产品客户化也需要供应链企业之间动态、实时的协作，企业之间正在形成一个相互协作的供需关系网状结构模式，这种新的协作商务模式的产生使企业之间竞争与合作的界限、时间和地点的界限、信息的界限变得越来越模糊，技术的革新导致了全球经济的革命。

因特网的发展为供应链企业加强与合作伙伴以及客户之间的关系提供了

有效途径，也为协作生产计划、同步执行计划、产品客户化和客户化大量生产提供了可能。这样一种基于因特网的经济平台与供应链集成在一起，就形成了我们所说的 E– 供应链，它为企业实时地对动态变化的市场需求做出反应提供了可能。

在 E– 供应链中，所涉及的企业是分布在全球范围的，相互之间涉及的供应链活动包括全球采购、订单履行、采用新信息技术、客户服务等，企业之间的关系复杂，相互之间的联系和实时、准确的信息交换越来越重要、也越来越困难，有效管理 E– 供应链将是企业获得长期成功的因素之一。

未来企业的成功在于它能够作为动态连接的 E– 供应链共同体中的一员进行有效的竞争，而不是作为单独的个体。事实上，有效的企业间的协作将会是未来企业成功的决定性因素。

二、E– 供应链的结构

传统的供应链节点企业是固定地、静态地、刚性地通过信息流和物流连接在一起，这样一种连接关系会在企业之间产生摩擦、惯性和非柔性。供应链中的每一个变化都会给所有企业带来风险，企业间不兼容的信息系统会影响信息流的畅通，而且处于不同供应链中的企业会因为不信任而拖延关键信息的传递，这些都会影响客户满意度。

为了解决这些问题，就需要建立动态的、集成的、无缝连接的 E– 供应链，以满足以客户为核心的供应链优化目标。E– 供应链的概念图如图 6.6 所示，其中以核心企业为主形成一个供应链共同体，这个共同体根据市场的需求发生动态的变化和更新，以便提高企业利润率和服务水平。

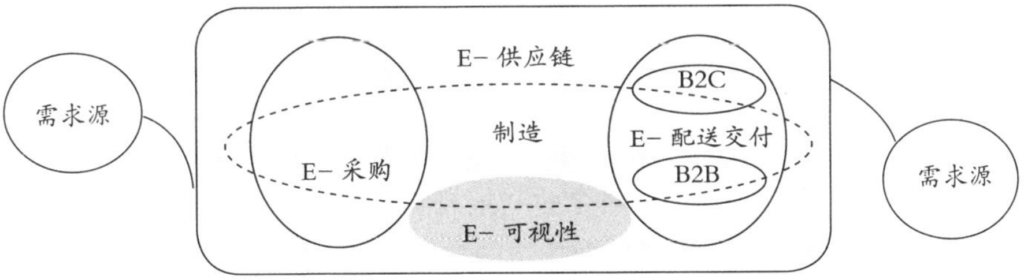

图 6.6　E– 供应链概念图

E– 供应链的结构包括三个基本元素：应用系统、集成、可见性，如图 6 –7 所示。

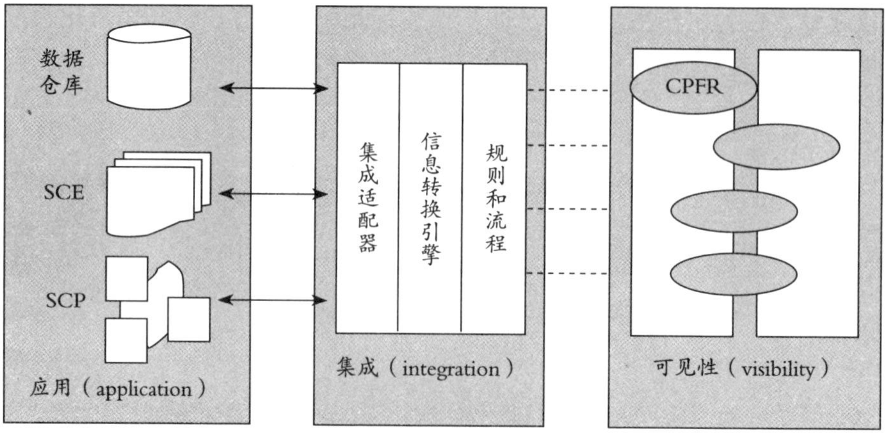

图 6.7　E- 供应链结构图

（一）应用系统

应用系统包括以供应链计划和供应链执行信息系统为核心的应用系统、数据仓库以及 ERP 等应用信息系统。

（二）信息集成

为了在供应链企业之间以及各信息中心之间实现快速的连接，供应链企业之间需要一定的信息集成策略支持。这里所说的信息集成必须提供一个能够在不同信息系统之间集成的框架结构，包括集成适配器、信息转换引擎、规则 / 流程。

（三）企业间可见性

供应链企业采用一定的技术实现与外部系统之间的可见性。传统企业的内部用户可以通过客户端访问共享的数据库服务器，也可以通过一定的数据标准（如 EDI）访问外部企业的数据信息，而因特网和新一代电子商务的发展提供了一些更新的技术实现数据共享，web 就是一种既便宜又有效的实现企业内外部信息共享的技术。对企业间信息集成的重视促进了为企业之间提供实时信息集成和图像化用户界面技术的发展，而 XML 等技术的发展也促进了 EDI 等传统技术的发展。

三、E- 采购

传统的采购是企业一个相对独立的业务职能，而采购已经逐渐从操作性的职能转变为企业战略性的职能。高投资回报率和低风险是 E- 采购在今天的商务中受到广泛重视的主要原因。E- 采购也就是基于因特网的采购。有两种不同的 E- 采购，即直接采购和非直接采购。直接采购主要包括直接用于生产的原材料，而非直接采购是指一些用于企业辅助部门的低价值、非关键件、高需求量的物品，如办公用品、维修备件、其他可能公用的物品。现代电子技术的发展对于非直接采购的影响更为深远。

在 E- 采购中，产品经常是由多个供应商为一个客户供应，产品的多样化需求也会影响 E- 采购的过程。

四、E- 配送交付

基于网络的供应链管理可以划分为两个领域，即供应管理和合同交付。供应管理主要是指管理供应过程以及产品库存，包括：

①供应商管理（寻找新的供应商和维持与原有供应商的合作关系）；

②采购（做出采购决策）；

③库存管理（收货、储存、保护、库存控制）。

合同交付包括从客户采购决策到产品交付给客户，并且客户对质量和功能完全满意的整个业务流程，主要包括以下五个方面：

①合同捕获，客户合同信息的捕获和确认；

②订单处理，确认订单信息，为选货和包装做准备，包括信用确认、选货清单生成、发票、地址标签生成等；

③选货和包装，选择正确的货物，并且进行检测、包装，以及运输前的准备工作；

④装运，将产品从仓库运输到客户指定的地点；

⑤售后服务和返款处理。

在产品是客户化的时候，选货和包装也是客户化的，这可以交给第三方物流来实施。比如，戴尔公司在合同实施过程中，根据客户的要求组装电脑，然后等待第三方物流的运输。

五、E- 同步化供应链

E- 供应链企业处于一个快节奏、飞速变化的商业环境中，要实现 E- 供应链管理，就要实现 E- 同步化供应链。一旦一个企业决定实施 E- 同步化供应链，以下五个方面是成功的关键。

①业绩卓越。要成为 E- 同步化供应链的一员，就要有达到业绩卓越和连续提高业绩的能力，尤其是跨国企业更需要具备处理意外事件的柔性。传统企业必须抛弃传统的业务流程模式来适应新的行业标准，以达到新的业绩卓越标准，甚至需要牺牲传统的企业标志，甚至是传统的核心能力。

②基于网络的突破。如前所述，E- 供应链中最主要的两个过程就是 E- 采购和 E- 配送交付，显然企业在网络上的能力必须得到提高。

③新企业关系。在 E- 同步化供应链中，所有的企业遵从统一的标准，多国企业集中在一起为了各自的利益和共同的目标而努力。在这种混杂的环境中，成功的关键因素就是能够吸引和集成所有最好的合作者，建立紧密合作的关系。

④实时管理的复杂性。在 E- 同步化供应链环境中，有众多的新工具和方法来实现传统的复杂的业务流程，以及集成在一起对全世界的市场需求做出实时响应，其中必须强调相互之间是集成的共同体而不是个体，与客户和供应商协作，以及从经验中学习。

⑤对不可预知事件的优化。传统的管理过程主要是对可预知事件做出计划并对不可预知的事件进行控制，在现在的市场环境下可预知事件越来越少，在 E- 同步化供应链环境中就必须具备良好的对不可预知事件的优化控制能力。

图 6.8 是一个 E- 同步化供应链的框架示意图，在操作性业绩优势、管理复杂性的能力、企业间协作关系以及基于网络的 E- 采购的基础上，逐步从企业的内部向外部协作集成，实现 E- 同步化供应链。

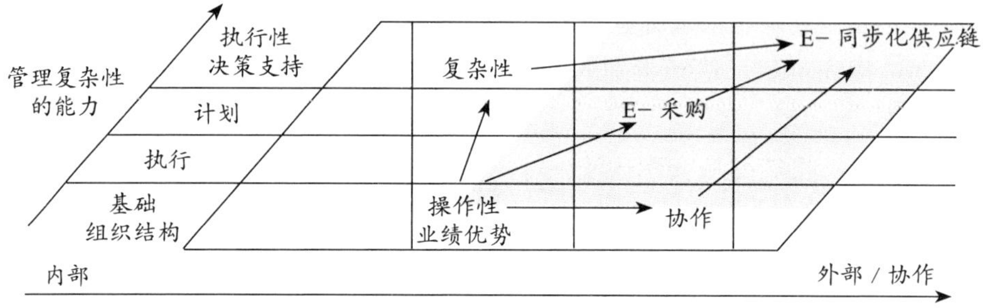

图 6.8 E- 同步化供应链的框架示意图

六、E- 供应链协同运作模式

基于互联网和电子商务的供应链集成的一个方法是建立交易信息网络中心，它能够及时处理和连接所有相关信息到所有合适的企业和部门。信息网络中心是多个组织在供应链集成中相互影响的数据信息网络的一个节点，具有数据存储、数据处理和存入 / 读取的能力。所有参与企业的内部信息系统（ERP 或其他的企业系统）作为子系统，全部的网络形成一个连接供应链上下游的可以并行处理的信息共享系统，如图 6.9 所示。

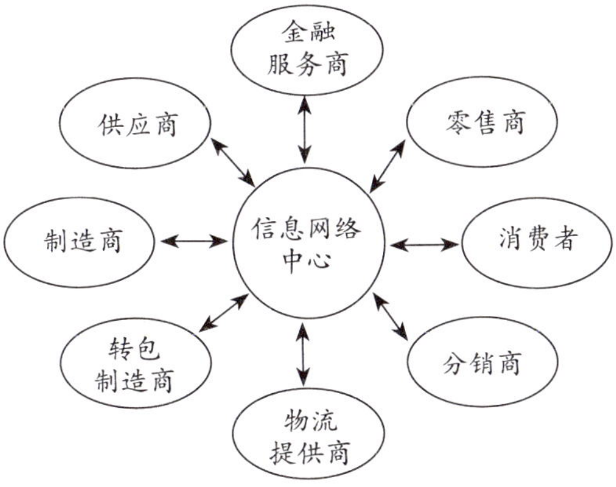

图 6.9 E-供应链信息处理和共享系统

信息网络中心可以由供应链核心企业独自组建，也可以由独立的第三方信息服务提供商组建。相应的供应链协同运作模式有两大类：专有模式和开放模式。

专有模式是指大型企业以自身的企业管理系统为中心，利用互联网虚拟专有网络技术，在供应商、合作伙伴、销售渠道和客户之间构建供应链管理系统，形成专有的电子市场运作模式，如图 6.10 所示。合作企业间通过互联网直接进行需求和库存信息的共享、同步计划的制订、工作流程的协同以及商谈、签约和结算等业务活动。严格来说，这种模式与原有的通过 EDI 或局域网连接供应链的模式在运作管理上没有太大的区别，但供应链可以有效减少 EDI 或局域网的建设成本。合作企业一经商谈成功，即可通过互联网协同运作，并且供应链可以通过互联网快速扩充合作企业，充分利用网络虚拟资源，比原有供应链的运作在动态性和敏捷性方面有较大的改进。面对市场需求变动、供应链整体能力不足时，可快速有效扩充生产能力；能力过剩时，也可通过网络竞拍等方式快速寻找新的需求。同时，这一模式可实现供应链运作的时空扩展，真正实行运作的全球化。然而，在扩充能力和寻找新的需求等供应链动态重组方面，如果交易双方过去不曾有过交易关系，或者企业规模较小、信誉度不高，必然会产生如前所述的信息不对称造成的产品质量不确定和准时交货不确定等信誉问题以及逆向选择问题，直接影响交易的成功。因为这种模式通常发生在特定企业之间的供应链协同运作上，也可称为特定企业间电子供应链协同运作模式。

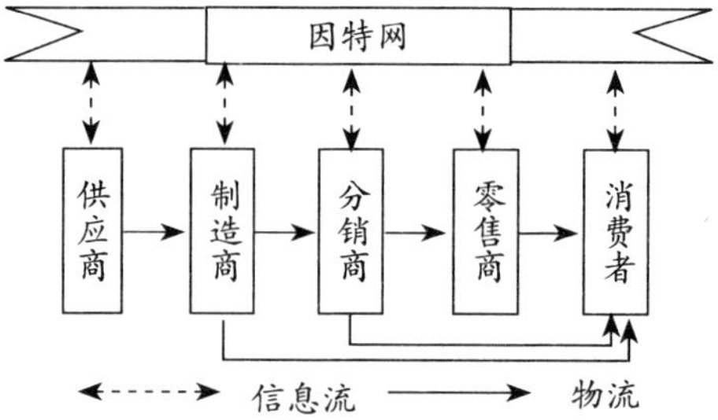

图 6.10　电子供应链专有模式

开放模式则是基于独立的第三方设立的连接行业内绝大多数供应商、制造商、销售商、物流及金融服务企业的开放的网络中介电子市场的供应链协同运作模式，如图 6.11 所示。由于网络中介的信誉保证机制可有效降低供应链电子商务运作过程中的交易摩擦和交易风险，并提高网络经济中的能力 / 需求匹配效率，因此可为电子供应链运作模式带来突破性的发展。这种开放的网络中介市场在整个供应链运作过程中，利用先进的通信和计算机软件技术，为供应链各方提供市场信息、商品交易、仓储配送、货款结算等全方位的服务，为行业内各种虚拟资源的充分利用和供应链的动态重组提供理想的运作平台。

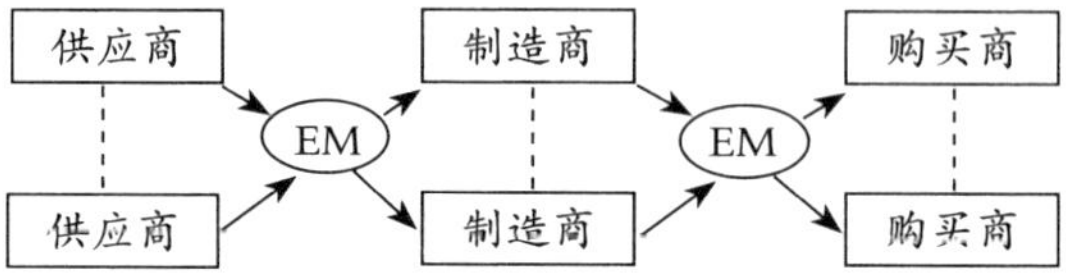

图 6.11　电子供应链开放模式

这两种供应链运作模式有机交融，共同构成以端到端、个性化和快速市场响应为主要特征的电子供应链协同运作模式。

第七章　供应链管理的控制管理

第一节　采购控制

传统的采购模式不适应供应链管理的需要。在供应链管理的环境下，企业的采购方式发生了根本变化，包括以下几个方面。

①从为库存采购向为订单采购的转变。在传统的采购模式中，采购的目的很简单，就是补充库存，即为库存而采购。采购部门并不关心企业的生产过程，不了解生产的进度和产品需求的变化，因此采购过程缺乏主动性，采购部门制订的采购计划很难适应制造需求的变化。在供应链管理模式下，采购活动是以订单驱动方式进行的，制造订单的产生是在用户需求订单的驱动下产生的，然后制造订单驱动采购订单，采购订单再驱动供应商。这种准时化的订单驱动模式，使供应链系统得以准时响应用户的需求，从而降低了库存成本、提高了物流的速度和库存周转率。

②从采购管理向外部资源管理的转变。借鉴建筑行业的做法，在采用工程业务承包时，为了对承包业务的进度与工程质量进行监控，负责工程项目的部门会派有关人员深入承包工地，对承包工程进行实时监管。这种方法也适用于制造企业的采购业务活动，这就是将事后把关转变为事中控制的有效途径，或者叫外部资源管理。传统采购管理的不足之处，就是与供应商之间缺乏合作，缺乏柔性和对需求快速响应的能力。准时化思想出现以后，对企业的物流管理提出了严峻的挑战，需要改变传统的单纯为库存而采购的管理模式，提高采购的柔性和市场响应能力，增加与供应商的信息联系和相互之间的合作，建立新的供需合作模式，供应链管理的采购模式就是实施有效的外部资源管理。

实施外部资源管理也是实施精细化生产、零库存生产的要求。供应链管理的一个重要思想，就是在生产控制中采用基于订单流的准时制生产模式，使供应链企业的业务流程朝着精细化生产努力，即实现生产过程中的几个“零”化管理：零缺陷、零库存、零交货期、零故障、零（无）纸文书、零废料、零事故、零人力资源浪费。供应链管理思想就是系统性、协调性、集成性以及同步性，外部资源管理是实现供应链管理的上述思想的一个重要步骤，即企业集成。从供应链企业集成的过程来看，外部资源管理是供应链企业从内部集成走向外部集成的重要一步。

外部资源管理并不是采购方（下游企业）的单方面努力就能取得成效的，需要供应商的配合与支持，为此，供应商也应该从以下几个方面提供帮助：帮助拓展用户（下游企业）的多种战略；保证高质量的售后服务；对下游企业的问题做出快速反应；及时报告所发现的可能影响用户服务水平的内部问题；基于用户的需求，不断改进产品和服务质量；在满足自己的能力需求的前提下提供一部分能力给下游企业，也就是能力外援。

③从一般买卖关系向战略协作伙伴关系的转变。供应链管理模式下，供应与需求的关系从简单的买卖关系向双方建立战略协作伙伴关系转变。在传统的采购模式中，供应商与需求企业之间是一种简单的买卖关系，因此无法解决一些涉及全局性、战略性的供应链问题，而基于战略伙伴关系的采购方式为解决这些问题创造了条件。在供应链管理模式下，通过双方建立合作伙伴关系，供应与需求双方可以共享库存数据，因此采购的决策过程变得透明多了，减少了需求信息的失真现象。供需双方通过战略性合作关系，可以降低由于不可预测的需求变化带来的风险，比如运输过程的风险、信用的风险、产品质量的风险等。通过合作伙伴关系可以为双方共同解决问题提供便利的条件；通过合作伙伴关系，双方可以为制定战略性的采购供应计划共同协商，不必为日常琐事消耗时间与精力。通过合作伙伴关系避免了许多不必要的手续和谈判过程，信息的共享避免了信息不对称决策可能造成的成本损失，使供需双方都从降低交易成本中获得好处。战略性的伙伴关系消除了供应过程的组织障碍，为实现准时化采购创造了条件。

④单纯的采购向业务外包的转变。由于企业越来越注重自己的核心竞争力，业务外包成为重要发展趋势，企业应当确定哪些部件由自己生产、哪些部件可以外包。

首先要分析产品结构。产品可以分为模块化和整体化两类，模块化产品是由不同的部件组装而成，模块化产品的部件是各自独立的，部件是可以更换的，部件能在不考虑其他部件的情况下进行设计和改进，顾客的偏好甚至能决定产品部件的配置。相反，整体化产品是由一系列功能紧密联系的部件组装而成，整体化产品不是根据独立部件生产出来的，而是用统一的从上到下的设计方法按系统进行设计的，其部件功能具有多样性，并在整个系统的基础上进行评价。例如个人计算机是典型的模块化产品，飞机是高整体化产品，而汽车是一种既有模块化部件又包含许多整体化部件的产品。

企业外包大致分为两类，即基于生产能力的外包和基于知识的外包。基于生产能力的外包是指企业具备生产该部件的知识和技能，但由于各种原因而决定外包；基于知识的外包是指企业不具备生产部件的人力、技能、知识，外包是为了能够获取这些能力，企业必须能够把顾客的需求转换成部件所需要的关键要求和特征。无论企业有没有生产的能力，获取有关产品的知识更为重要。对于模块化产品来说，如果企业具备了这种知识，外包产品能够降低成本，相反如果企业既没有相关的知识也不具备生产的能力，那么外包将是比较危险的战略，因为由供应商开发的这种知识可能会转移到竞争对手的产品中。对于整体化产品而言，应当同时掌握产品的知识和生产能力，并由企业自己生产这种产品才是最佳的选择。

一、准时化采购策略

（一）准时化采购的概念

准时制生产是一种先进的采购模式和管理哲理，它的基本思想是在恰当的时间、恰当的地点、以恰当的数量、恰当的质量提供恰当的物品，准时化采购是从准时制生产发展而来的，是为了消除库存和不必要的浪费而进行的持续性改进。要进行准时制生产必须有准时的供应，因此准时化采购是准时制生产管理模式的必然要求。准时制生产也叫及时服务，又称及时制，它的目标之一是减少甚至消除从原材料的投入到产成品的产出全过程中的存货，建立平滑而更有效的生产流程。准时制生产已在日本、美国等发达国家得到了广泛应用，被视为具有世界领先地位的企业成功的关键因素。

供应链环境下的采购模式和传统的采购模式的不同之处在于采用订单驱动的方式。订单驱动使供应与需求双方都围绕订单运作，也就实现了准时化、同步化运作。要实现同步化运作，采购方式就必须是并行的，当采购部门产生一个订单时，供应商即开始着手物品的准备工作。与此同时，采购部门编制详细采购计划，制造部门也进行生产的准备过程，当采购部门把详细的采购单提供给供应商时，供应商就能很快地将物资在较短的时间内交给用户，当用户需求发生变化时，制造订单又驱动采购订单发生变化。这样一种快速的改变过程，如果没有准时的采购方法，供应链企业很难适应这种多变的市场需求，因此，准时化采购增加了供应链的柔性和敏捷性，准时化采购策略体现了供应链管理的协调性、同步性和集成性，供应链管理需要准时化采购来保证供应链的整体同步化运作。

供应链管理思想的突出表现就是合作与协调，准时化采购采用的模式就是合作性的关系模式。因此，建立一种双赢的合作关系对于实施准时化采购是很重要的，只有建立良好的供需合作关系，准时化策略才能得到彻底地贯彻落实，并取得预期的效果。从供应商的角度来说，如果不实施准时化采购，由于缺乏和制造商的合作，库存、交货批量都比较大，而且在质量、需求方面都无法获得有效的控制。通过建立准时化采购策略，把制造商的准时制生产思想扩展到供应商，加强了供需之间的联系与合作，在开放性的动态信息交互下，面对市场需求的变化，供应商能够做出快速反应，提高了供应商的应变能力。对制造商来说，通过和供应商建立合作关系，实施准时化采购，管理水平得到了提高，制造过程与产品质量得到了有效控制，同时降低了成本、增加了制造的敏捷性与柔性。

（二）准时化采购的实施

企业要实施准时化采购，必须选择最佳的供应商并对供应商进行有效的管理，这是准时化采购成功的基石，供应商与用户的紧密合作是准时化采购成功的关键，卓有成效的采购过程中质量控制是准时化采购成功的保证。实施准时化采购要做好以下几方面的工作。

①创建准时化采购班组。一流企业的专业采购人员有三大责任：寻找货源，商定价格，发展与供应商的协作关系并不断改进。因此，专业化的高素质采购队伍对企业实施准时化采购至关重要。为此，首先应成立两个班组，一个是专门处理供应商事务的班组，该班组的任务是认定和评估供应商的信誉、能力，与供应商谈判，与供应商签订准时化订货合同，向供应商发放免检签证等，同时要负责供应商的培训与教育；另一个班组是专门消除采购过程中浪费的班组，班组人员对准时化采购的方法应有充分的了解和认识，必要时要进行培训。

②制订计划，确保准时化采购策略有计划、有步骤地实施。企业要制定采购策略，改进当前的采购方式，减少供应商的数量，正确评价供应商，以及向供应商发放签证等。在这个过程中，企业要与供应商一起商定准时化采购的目标和有关措施，保持经常性的信息沟通。

③精选少数供应商，建立伙伴关系。企业选择供应商应考虑：产品质量、供货情况、应变能力、地理位置、企业规模、财务状况、技术能力、价格、与其他供应商的可替代性等。

④进行试点工作。企业先从某种产品或某条生产线试点开始，进行零部件或原材料的准时化供应试点。在试点过程中，企业各个部门的支持是很重

要的，特别是生产部门的支持，通过试点总结经验，为正式实施准时化采购打下基础。

⑤做好供应商的培训，确定共同目标。准时化采购是供需双方共同的业务活动，单靠采购部门的努力是不够的，需要供应商的配合。只有供应商也对准时化采购的策略和运作方法有了认识和理解，企业才能获得供应商的支持和配合，因此需要对供应商进行教育培训。通过培训，大家取得一致的目标，相互之间就能够很好地协调，才能做好准时化采购工作。

⑥向供应商颁发产品免检合格证书。准时化采购与传统采购方式的不同之处在于，买方不需要对采购产品进行比较多的检验手续。要做到这一点，需要供应商提供百分之百的合格产品，当其做到这一要求时，即发给免检手续的免检证书。

⑦提供适合准时制生产的交货方式。准时化采购的最终目标是实现企业的生产准时化，为此要实现从预测的交货方式向准时化的适时交货方式转变。

⑧继续改进，扩大成果。准时化采购是一个不断完善和改进的过程，需要在实施过程中不断总结经验教训，从降低运输成本、提高交货的准确性和产品的质量、降低供应商库存等各个方面进行改进，不断提高准时化采购的运作绩效。

二、电子采购

（一）电子市场

20 世纪 90 年代中期 B2B 交易占了很大的比例，但 B2B 市场相当分散，在同一个市场中有大量的供应商提供相同的产品，其竞争非常激烈。分散的市场既能提供机会也充满挑战，提供相同产品的供应商之间的竞争可以大幅度地降低采购成本，但采购方必须有熟悉采购过程的专家。因此，开始出现独立的电子市场，不仅能为客户提供采购专家，也能在大批的供应商之间激发竞争。电子市场为客户提供作为采购者和供应商联系的媒介，提高供应商数量，对供应商进行分类认证并提供支持以及指导投标活动。电子市场还能为相对较小的供应商扩展业务范围，使他们可以与以前无法接触的采购者搭上关系，使分散行业里的供应商可以进入某种特定产品的市场，采购者可以在这个市场中寻找质量相当而价格较低的产品。电子市场自身的价值模式也在不断发生改变，出现了增值的独立（公共）电子市场、专用电子市场、行业电子市场、目录产品市场等。

增值的独立（公共）电子市场将价值创造点扩展到为客户提供增值服务

上，如进行库存管理、供应链设计和财务服务等，它不但为客户提供采购服务，还向他们提供预测、联合以及补货服务。

专用电子市场的目的不是让供应商在价格上进行竞争，而是通过向供应商提供需求信息和产品数据的方式加强供应链的合作，一些企业利用它们的专用电子市场在整个企业内组合采购力量，如戴尔、沃尔玛和 IBM 等公司建立的专用电子市场。

行业电子市场类似于公共电子市场，只是由同一行业的许多家企业共同建立。行业电子市场的目的不仅是集合采购活动和利用行业协会成员的采购能力，而且为供应商提供了一个支持全行业采购者的标准化系统，从而降低供应商的成本。

目录产品市场是由不同行业的供应商的产品目录组合而成，将众多供应商的产品目录进行综合，重点是产品目录，并提供查找和比较供应商产品的有效工具。这种电子市场有两类，即专门经营保养、维修、操作产品的电子市场和专门经营行业特殊产品的电子市场。

（二）电子采购策略

电子市场使得采购者可以提高市场的深度，更好地与供应商合作，从而消除供应链的无效活动。然而，企业应当采用什么样的电子采购策略呢？要回答这个问题，首先需要了解采购产品，采购产品可以分为战略性部件、通用部件以及间接材料。战略性部件是最终产品的一部分，它不仅存在行业差别，不同企业间也存在差别，是典型的整体化的产品，如个人电脑的主板；通用部件能从多个不同的供应商处购买，其价格主要由市场机制来确定，直接用到最终产品中，是典型的模块化产品，如个人计算机的内存条；间接材料是指那些保养、维修、作业用的材料，以及在最终产品或制造过程中用到但并不十分重要的材料，如办公用品、照明设备等。

针对不同的采购产品应采取不同的电子采购策略。对于战略性部件而言，属于可从少量供应商那里采购的高风险的部件。企业寻找市场的重要目标之一是与供应商建立良好的关系，所以建议选用专用或行业的电子市场，要在电子市场上为供应商提供实时的需求信息，并与采购者的生产计划共享，这样供应商就能更好地利用自身的生产能力和资源。建立专用电子市场或加入行业市场需要考虑交易量、供应商数目、建立和维护自有网站的费用、保护私有业务活动的重要性以及技术和产品的生命周期等。

对于通用产品，这是最具挑战性的一类产品，一方面这类产品会直接用到最终产品中，所以风险相当高；另一方面采购者又有多种选择，如选择提供长期且灵活的合同或在目标市场上进行短期采购。在高风险和选择范围广并存的情况下，企业应将重点放在价格和风险管理上，可以采用组合法来实现风险和成本的权衡。

对于间接材料，其风险较低，因此较多采用目录产品公共市场策略，如选用集合了多个供应商产品目录的美国 MRO 目录产品公共市场。

三、供应商管理

（一）双赢的供需模式

在物流与采购中提出客户关系管理并不是什么新概念，在传统的市场营销管理中早就提出了关系营销的思想，但是在供应链环境下的客户关系和传统的客户关系有很大的不同。在市场营销中的客户指的是最终产品的用户，而这里的客户是指供应商，不是最终用户。另外，从供应商与客户关系的特征来看，传统企业的关系表现为三种：竞争性关系、合同性关系（法律性关系）、合作性关系，而且企业之间的竞争多于合作，是非合作性竞争。供应链管理环境下的客户关系是一种战略性合作关系，提倡一种双赢机制，从传统的非合作性竞争走向合作性竞争，合作与竞争并存，是当今企业关系发展的一个趋势。

竞争关系模式和双赢关系模式的采购特征有所不同。竞争关系模式是价格驱动，这种关系的采购策略表现为：买方同时向若干供应商购货，通过供应商之间的竞争获得价格好处，同时保证供应的连续性；买方通过在供应商之间分配采购数量，以对供应商加以控制；买方与供应商保持的是一种短期合同关系。

双赢关系模式是一种合作的关系，这种供需关系最先在日本企业中应用，它强调在合作的供应商和生产商之间共同分享信息，通过合作和协商协调相互的行为。双赢关系模式表现为制造商对供应商给予协助，帮助供应商降低成本、改进质量、加快产品开发进度；通过建立相互信任的关系提高效率，降低交易或管理成本；长期的信任合作取代短期的合同；以及较多的信息交流。

双赢关系模式对各方将产生不同的作用。在供应商方面，增加了对整个供应链业务活动的共同责任感和利益的分享，增加了对未来需求的可预见性和可控能力，长期的合同关系使供应计划更加稳定，成功的客户有助于供应商的成功，高质量的产品提高了供应商的竞争力。在制造商方面，增加对采购业务的控制能力，通过长期的、有信任保证的订货合同保证满足采购的要求，减少和消除了不必要的对采购产品的检查活动。

建立互惠互利的合同是巩固和发展供需合作关系的根本保证。互惠互利包括了双方的承诺、信任、持久性。信守诺言是商业活动成功的一个重要原则，没有信任的供应商，或没有信任的采购客户都不可能产生长期的合作关系，即使建立起合作关系也是暂时的。持久性是保持合作关系的保证，没有长期的合作双方就没有诚意做出更多的改进和付出，机会主义和短期行为对供需合作关系将产生极大的破坏作用。

（二）供应商的集成

供应商的集成包括多个层次：无集成，即供应商未参与设计，物料和分装根据用户说明书和设计提供；白箱，其集成程度为非正式，采购商在设计产品和说明书时向供应商咨询，但没有正式的合作；灰箱，是正式的供应商集成，由采购商和供应商的工程师们组成合作小组共同开发；黑箱，即采购商提供给供应商一套有关装置和零部件的要求，供应商设计和开发采购商所要求的部件。因此，企业必须为各种情况确定恰当的供应商集成水平。

首先，确定从供应商处采购的物品以及供应商需要具备的专业技术水平。采用的流程是：确定内部核心能力，确定当前的和未来的新产品开发，识别外部开发和生产的需求。例如，若专门技术公司不具备所要求的某些部件，而且这些部件的开发可以和产品开发的其他阶段分开，则可以采取黑箱方式；若开发阶段不可分离，则采取灰箱方式更恰当；若企业自身具备一定的专业技术能力只是想确定供应商能制造出这些部件，则采取白箱方式。

其次，如何维持恰当的供应商集成关系，采用的流程包括选择合适的供应商并建立合作关系，以及把目标与选定的供应商分享。

再次，由于供应商集成合作伙伴除了配合设计外，最主要的任务是供应部件，所以选择供应商要考虑生产能力、反应时间、参与流程设计的能力、参与流程设计的程度、投入供应商集成流程的充足资源等因素。

最后，与供应商建立关系，让供应商及早参与设计，与供应商分享远景规划和技术。采购商的目标是与可信任的供应商建立长期、有效的关系，自然把采购商和供应商的目标联合起来，最终提高集成效率。在供应商的集成中，可以采取供应商“书架”的概念，也就是时刻了解相对较新的技术的开发，并跟踪拥有这些技术和技能的供应商。当时机成熟时，企业通过将供应商的设计队伍与自身集成起来，从而快速地在新产品中引进这些新技术使得企业可在新技术的前沿保持优势，并可以借鉴供应商与其他客户的合作过程中所获得的有关新技术的经验。

第二节 生产计划与控制

供应链管理思想对企业的最直接和最深刻的影响是企业家决策思维方式的转变，从传统封闭的纵向思维方式向开放的横向思维方式转变。生产计划与控制是企业管理的主要内容之一，供应链管理思想无疑会对此带来很大的影响。与传统的企业生产计划和控制方法相比，供应链管理模式下的生产计划与控制方法在信息来源、信息的集成方法、计划的决策模式、计划的运行环境、生产控制的手段等方面都有显著不同。

供应链管理思想对企业管理的最大影响是对现行生产计划与控制模式的挑战，由于企业的经营活动是以顾客需求驱动的、以生产计划和控制活动为中心展开的，只有通过建立面向供应链管理的生产计划与控制系统，企业才能真正从传统的管理模式转向供应链管理模式。供应链是一个跨越多厂家、多部门的网络化组织，一个有效的供应链企业计划系统必须保证企业能快速响应市场需求，集成企业所有的计划和决策业务，包括需求预测、库存计划、资源配置、设备管理、渠道优化、生产作业计划、物料需求与采购计划等。供应链是由不同的企业组成的企业网络，有紧密型的联合体成员，有协作型的伙伴企业，有动态联盟型的战略伙伴。作为供应链的整体，以核心企业为龙头，把各个参与供应链的企业有效地组织起来，优化整个供应链的资源，以最低的成本和最快的速度生产最好的产品，最快地满足用户需求，以达到快速响应市场和用户需求的目的，这是供应链企业计划最根本的目的。

一、供应链管理环境下的生产计划

供应链管理环境下的生产计划与传统生产计划有着显著不同。在供应链管理环境下，与企业具有战略伙伴关系的企业的资源通过物流、信息流和资金流的紧密合作而成为企业制造资源的扩展。在制订生产计划的过程中，企业主要面临柔性约束、生产进度以及生产能力三方面的问题。

（一）柔性约束

柔性实际上是对承诺的一种完善。承诺是企业对合作伙伴的保证，只有在此基础上企业间才能具有基本的信任，合作伙伴也因此获得相对稳定的需求信息。由于承诺的下达在时间上超前于承诺本身付诸实施的时间，因此尽管承诺方一般来讲都竭力使承诺与未来的实际情况相符，但误差总是难以避免。柔性的提出为承诺方缓解了这一矛盾，使承诺方有可能修正原有的承诺。可见，承诺与柔性是签订供应合同的关键要素。对生产计划而言，柔性具有以下多重含义。

首先，柔性的存在使制订计划的过程变得复杂。柔性是双方共同制订的一个合同要素，对于需方而言，它代表着对未来变化的预期；而对供方而言，它是对自身所能承受的需求波动的估计。本质上，供应合同使用有限的可预知的需求波动，代替了可以预测但不可控制的需求波动。

其次，下游企业的柔性对企业的计划产量造成影响。企业必须选择一个在已知的需求波动下最为合理的产量，企业的产量不可能覆盖整个需求的变化区域，否则会产生不可避免的库存费用。因此，在库存费用与缺货费用之间取得一个均衡点是确定产量的一个标准。

最后，供应链是首尾相通的，企业在确定生产计划时还必须考虑上游企业的利益。在与上游企业的供应合同中，上游企业表达的含义除了对自身所能承受的需求波动的估计外，还表达了对自身生产能力的权衡。可以认为上游企业合同中反映的是相对于下游企业的最优产量，因为上游企业可能同时为多家企业提供产品，因此下游企业在制订生产计划时应该尽量使需求与合同的承诺量接近，帮助供应企业达到最优产量。

（二）生产进度

生产进度信息是企业检查生产计划执行状况的重要依据，也是滚动制订生产计划过程中用于修正原有计划和制订新计划的重要信息。在供应链管理环境下，生产进度计划属于可共享的信息，其作用体现在以下两方面。

一是供应链上游企业通过了解对方的生产进度情况实现准时供应。企业的生产计划是在对未来需求做出预测的基础上制订的，它与生产过程的实际进度一般是不同的，生产计划信息不可能实时反映物流的运动状态。供应链企业可以借助现代网络技术，使实时的生产进度信息能为供应链合作方所共享。上游企业可以通过网络或双方通用的软件了解下游企业的需求信息，并准时提供物资。这样，下游企业可以避免不必要的库存，而上游企业可以灵活主动地安排生产和调拨物资。

二是原材料和零部件的供应是企业进行生产的首要条件之一，供应链上游企业在修正原有计划时应该考虑下游企业的生产状况。在供应链管理环境下，企业可以了解上游企业的生产进度，然后适当调节生产计划，使供应链上的各个环节紧密地衔接在一起，避免企业与企业之间出现供需脱节的现象，从而保证了供应链上的整体利益。

（三）生产能力

下游企业完成一份订单需要上游企业的支持，因此，在编制生产计划时要尽可能借助外部资源，有必要考虑如何利用上游企业的生产能力。任何企业在现有的技术水平和组织条件下都具有一个最大的生产能力，但最大的生产能力并不等于最优生产负荷。在上、下游企业间稳定的供应关系形成后，上游企业从自身利益出发，更希望所有与之相关的下游企业在同一时期的总需求与自身的生产能力相匹配。上游企业的这种对生产负荷量的期望可以通过合同、协议等形式反映出来，即上游企业提供给每一个相关下游企业一定的生产能力，并允许一定程度的浮动。这样，在下游企业编制生产计划时就必须考虑上游企业的生产能力的约束。

二、供应链企业同步计划

目前，许多软件商都在推出与供应链管理有关的软件，如企业资源规划。企业资源规划是制造资源计划的发展，企业资源规划的特点在于生产、财务、控制以及多工厂生产的协调和结合，但企业资源规划没能给企业提供周密的供应链计划，在供应链企业的运行动态跟踪上略显不足，因而难以为现实供应链管理系统的运作提供支持。在当今顾客需求驱动的环境下，制造商必须具有面对不确定事件不断修改计划的能力，因此企业的制造加工过程、数据模型、信息系统和通信基础设施必须无缝地连接并实时地运作。因此，供应链同步化计划的提出是企业最终实现敏捷供应链管理的必然选择，供应链企业的同步化计划使计划的修改或执行中的问题能在整个供应链上获得共享与支持，物料和其他资源的管理是在实时的牵引方式下进行的，而不是无限能力的推动过程。

供应链企业同步计划可以通过改进制造资源计划或在企业资源规划中加入新的技术、充分利用开放系统的概念和集成工具来实现。同时，同步化计划能够满足供应链分布、异构环境下的“即插即用”的要求，但必须使供应链中的信息达到同步共享。建立在 EDI/Internet 之下的供应链信息集成平台，为供应链企业之间的信息交流提供了共享窗口和交流渠道，同时保证了供应链企业同步化计划的实现。供应链同步化计划的提出是为了挑战供应链运行中的约束，供应链运行的约束有来自采购的约束、有来自生产的约束、还有来自销售的约束，这些约束的不良后果会导致“组合约束爆炸”。因此要实现供应链企业的同步化计划，一方面要建立不同的供应链系统之间的有效通信标准，如公共对象请求代理结构规范、基于互联网的传输控制协议 / 互联网协议等，使信息交流和协作规范化、标准化等。另一方面要建立协调机制和冲突管理服务，使供应链系统的各个成员之间既有同步的协作功能也有独立的自主功能，当供应链的整体利益和各个成员的个体利益相冲突时，必须快速地协商解决，供应链的同步化才能得以实现。因此，建立分布或协调机制对供应链同步化计划的实现是非常重要的。

要实现供应链的同步化计划，还必须建立供应链企业之间透明的合作机制，供应链企业之间的合作方式主要有同时同地、同时异地、异时同地和异时异地四种情形。因此，供应链企业的合作模式表现为四种模式：同步模式、异步模式、分布式同步模式、分布式异步模式。基于多智能体的供应链组织管理模式，由传统的递阶控制组织模式向扁平化网络组织过渡，实现了网络化管理。

三、供应链管理环境下的生产控制

供应链环境下的企业生产控制和传统的企业生产控制模式不同，它需要更多的协调机制（企业内部和企业之间的协调），体现了供应链的战略伙伴关系原则。供应链环境下的生产协调控制包括以下四个方面的内容。

一是对生产进度的控制。控制生产进度的目的在于依据生产作业计划，检查零部件的投入和产出数量、出产时间和配套性，保证产品能准时装配出厂。供应链环境下，因为许多产品是协作生产的和转包的业务，与传统的企业内部的进度控制相比较，其控制的难度更大，必须建立一种有效的跟踪机制来进行生产进度信息的跟踪和反馈。生产进度控制在供应链管理中有重要作用，因此必须研究解决供应链企业之间的信息跟踪机制和快速反应机制。

二是对供应链生产节奏的控制。供应链的同步化计划需要解决供应链企业之间的生产同步化问题，只有各供应链企业之间以及企业内部各部门之间保持步调一致时，供应链的同步化才能实现。供应链的准时制生产系统，要求上游企业准时为下游企业提供必需的零部件，如果供应链中任何一个企业不能准时交货，都会导致供应链不稳定或中断，导致供应链对用户的响应性下降，因此严格控制供应链的生产节奏对供应链的敏捷性十分重要。

三是提前期管理。基于时间的竞争是20世纪90年代兴起的一种新的竞争策略，涉及企业的运作层，体现为提前期的管理，这是实现快速反应、高效客户反应策略的重要内容。供应链环境下的生产控制，提前期管理是实现快速响应用户需求的有效途径，缩短提前期、提高交货期的准时性是保证供应链获得柔性和敏捷性的关键。缺乏对供应商不确定性的有效控制是供应链提前期管理中的一大难点，因此，建立有效的供应提前期的管理模式以及交货期的设置系统是解决供应链提前期管理问题的重要方面。

四是库存控制和在制品管理。库存在应付需求不确定性时有着积极的作用，但是库存又是一种资源浪费。在供应链管理模式下，实施多级、多点、多方管理库存的策略，对提高供应链环境下的库存管理水平、降低制造成本有重要意义，这种库存管理模式涉及的部门不仅仅是企业内部。基于准时制生产的供应与采购、供应商管理库存、联合库存管理等都是供应链库存管理的新方法，对降低库存都有重要作用。因此，建立供应链管理环境下的库存控制体系和运作模式，对于提高供应链的库存管理水平有重要作用，是供应链企业生产控制的重要手段。

四、供应链的协调

协调供应链的目的在于使信息能无缝地、顺畅地在供应链中传递，减少因信息失真而导致过量生产、过量库存的现象，使整个供应链能根据顾客的需求而步调一致，也就是使供应链获得同步化响应市场的需求变化。供应链的协调机制根据协调的职能可划分为两类：一类是不同职能活动之间的协调与集成，如生产—供应协调、生产—销售协调、库存—销售协调等协调关系；另一类是根据同一职能不同层次活动的协调，如多个工厂之间的生产协调。根据协调的内容，供应链的协调可划分为信息协调和非信息协调。根据供应链的协调控制模式分为中心化协调、非中心化协调和混合式协调等，中心化协调控制模式是把供应链作为一个整体纳入一个系统，采用集中方式决策，因而忽视了成员的自主性，也容易导致“组合约束爆炸”，对不确定性的反应比较迟缓，很难适应市场需求的变化。分散协调控制过分强调成员模块的独立性，对资源的共享程度低，缺乏通信与交流，很难做到供应链的同步化。比较好的控制模式是分散与集中相结合的混合模式，各个成员一方面保持各自的独立性运作，另一方面参与整个供应链的同步化运作体系，保证独立性与协调性的统一。

（一）供应链的信息协调

供应链管理中企业间的信息协调包括以下内容。

①采购部门与销售部门之间的协调。采购部门与销售部门是企业间传递需求信息的接口，需求信息总是沿着供应链从下游传至上游，从一个企业的采购部门传向另一个企业的销售部门。在供应链管理下的销售与采购环节，稳定而长期的供应关系是必备的前提，所以可将注意力集中在需求信息的传递上。

一般来说，企业的销售部门应该对产品交货的全过程负责，即从订单下达给企业开始，直到交货完毕的全过程。然而，在供应链管理下的战略伙伴关系建立以后，销售部门的职能简化了，销售部门在供应链上、下游企业间的作用仅仅是一个信息的接口，它负责接收和管理有关下游企业需求的一切信息。除了单纯意义上的订单外，还有下游企业对产品的个性化要求，如质量、规格、交货渠道、交货方式等，这些信息是企业其他部门需要获取的。

同销售部门一样，采购部门的职责也得以简化。采购部门原有的工作是保证生产所需的物资供应，不仅要下达采购订单，还要确保采购的物资保质、保量按时入库。在供应链管理下，采购部门的主要工作是将生产计划系统的采购计划转换为需求信息，以电子订单的形式传达给上游企业。同时，它还要从销售部门获取与所采购的零部件和原材料相关的客户个性化要求，并传达给上游企业。

②制造部门的协调。制造部门的任务不仅仅是生产，还包括对采购物资的接收以及按计划对下游企业配套件的供应，所以制造部门实际上兼有运输服务和仓储管理两项辅助功能。制造部门能够完成如此复杂的工作，原因在于生产计划部门对上下游企业的信息集成，同时依赖于战略伙伴关系中的质量保证体系。制造部门在制造过程中实时收集订单的生产进度信息，经过分析后提供给生产计划部门。

③生产计划部门的协调。企业的生产计划部门肩负着大量的工作，集成来自上下游生产计划部门、企业自身的销售部门和制造部门的信息。其主要功能包括以下几方面。

一是滚动编制生产计划。来自销售部门的新增订单信息、来自企业制造部门的订单生产进度信息和来自上游企业的外购物资的生产计划信息，以及来自上游企业的需求变动信息，这些信息共同构成了企业滚动编制生产计划的信息支柱。

二是保证对下游企业的产品供应。下游企业的订单并非一成不变，从订单下达时起，供方和需方的内外环境就一直不断变化着，最终的供应时间实际上是双方不断协调的结果，其协调的工具就是双方不断滚动更新的生产计划。生产计划部门按照最终的协议指示制造部门对下游企业进行供应，这种供应是与下游企业生产计划相匹配的准时供应。由于生产出来的产品不断发往下游企业，制造部门不会有过多的在制品和成品库存压力。

三是保证上游企业对本企业的供应。这一功能是与上一功能相对应的。生产计划部门在制造部门提供的实时生产进度分析的基础上，结合上游企业传来的生产计划（生产进度分析）信息，与上游企业协商确定各批订单的准确供货时间，上游企业按照约定的时间将物资发送到本企业。采购零部件和原材料的准时供应减轻了制造部门的库存压力。

（二）供应链的跟踪协调

供应链各个成员之间的关系是服务与被服务的关系，服务信号的跟踪和反馈机制可以使企业生产与供应关系同步进行，以消除不确定性对供应链的影响。因此，应该在供应链系统中建立服务跟踪机制，以降低不确定性对供应链同步化的影响。供应链的服务跟踪机制为供应链提供两方面的辅助协调：非信息协调和信息协调。非信息协调主要是指完善供应链运作的实物供需条件，采用准时制生产与采购、运输调度等；信息协调主要通过企业之间的生产进度的跟踪与反馈来协调各个企业的生产进度，保证按时完成用户的订单，及时交货。供应链企业在生产系统中使用跟踪机制的根本目的是保证对下游企业的服务质量。只有在企业集成化管理的条件下，跟踪机制才能够发挥其最大的作用。跟踪机制在企业内部表现为客户（上游企业）的相关信息在企业生产系统中的渗透，其中客户的需求信息（订单）成为贯穿企业生产系统的一条线索，成为生产计划、生产控制、物资供应相互衔接、协调的手段。供应链的跟踪协调包括以下内容。

①供应链企业在接到下游企业的订单后，建立针对上游企业的订单档案，其中包含用户对产品的个性化要求，如规格、质量、交货期、交货方式等的具体内容。

②对主生产计划进行外包分析，将订单分解为外包子订单和自制件子订单。订单与子订单的关系在于，订单通常是一个用户提出的订货要求，在同一个用户提出的要求中，可能有多个订货项，可以将同一订单中不同的订货项定义为子订单。

③按照主生产计划对子订单进行规划，改变子订单在日期与量上的设定，但保持了子订单与订单的对应关系。

④投入产出计划的分析，可采取以下步骤。

子订单的分解：结合产品结构文件和工艺文件以及提前期数据，倒排编制生产计划。对不同的子订单独立计算，不允许进行跨子订单的计划记录合并。

库存的分配：与上一步骤是同时进行的，将计划期内可利用的库存分配给不同的子订单，并在库存分配记录上注明子订单信息，保证专货专用。

能力占用：结合工艺文件和设备组文件计算各子订单计划周期内的能力占用，使单独评价子订单对生产负荷的影响成为可能。在调整子订单时也无须重新计算整个计划所有记录的能力占用数据，仅需调整子订单的相关能力数据。

调整：结合历史数据对整个计划周期内的能力占用状况进行评价和分析，找出可能的瓶颈。对于在一定时间段内所形成的能力瓶颈，可采取两种办法加以解决：一是调整子订单的出产日期和出产数量；二是将子订单细分为更小的批量，分别设定出产日期和出产数量，但必须保持细分后的子子订单与原订单的对应关系。经过调整的子订单（子子订单）和上一周期计划中未对生产产生实际影响的子订单（子子订单）都可以重新进行分解以产生新的计划。

修正：对前一周期内投入产出计划执行情况的总结。与通常的计划滚动过程一样，前一周期的生产进度数据和库存数据是必不可少的，不同的是可以准确地按子订单检查计划的执行情况，同时调整相应子订单的期量设定，以适应生产的实际情况，整个生产系统中都通过子订单形成了内在的联系。

⑤车间作业计划。车间作业计划用于指导具体的生产活动，具有高度的复杂性，一般难以严格按子订单的划分来调度生产，但可要求在加工路线单上注明本批生产任务的相关子订单信息以及相关度信息，在整个生产过程中实时地收集和反馈子订单的生产数据，为跟踪机制的运行提供基础数据。

⑥采购计划。采购部门接收的是按子订单下达的采购信息，可以使用不同的采购策略来完成采购计划。子订单的作用主要体现在以下两方面。

一是将采购部门与销售部门联系起来。下游企业在需求上的个性化要求可能涉及原材料和零部件的采购，采购部门可以利用子订单查询这一信息，并提供给各上游企业。

二是建立需求与生产之间的联系。采购部门的重要任务之一就是建立上游企业的生产过程与本企业子订单的对应关系，使企业可以了解子订单生产所需要的物资在上游企业中的生产情况，还可以提供给上游企业准确的供货时间。

（三）生产进度的协调

生产控制是生产管理的重要职能，是实现生产计划和生产作业管理的重要手段。虽然生产计划和生产作业计划对生产活动已做了比较周密而具体的安排，但随着时间的推移，市场需求往往会发生变化。同时由于各种生产准备工作不周全或生产现场偶然因素的影响，也会使计划产量和实际产量之间产生差异。因此，必须及时对生产过程进行监督和检查、发现偏差，及时进行调节和校正工作，以保证计划目标的实现。生产进度控制的主要任务是依照预先制订的作业计划，检查各种零部件的投入和产出时间、数量以及配套性，保证产品能准时产出，按照订单上承诺的交货期将产品准时送到用户手中。由于建立了生产计划中的跟踪机制，生产进度控制中的相应工作就是在加工路线单中保留子订单信息。同时，在生产进度控制中运用多种分析方法，如在生产预计分析中的差额推算法，生产均衡性控制中的均衡系数法，生产成套性控制中的甘特图等。这些方法同样可以运用到跟踪机制中，只不过分析的目标不仅是计划的执行情况，还包括对各子订单的分析。在没有跟踪机制的生产系统中，由于生产计划中隐去了子订单信息，生产控制系统无法识别生产过程与子订单的关系，也无法将不同的子订单进行区分，因此仅能控制产品的按计划投入和产出。

生产进度的协调首先要按优先级进行划分，以保证对客户的供应。子订单是订单的细化，只有保证子订单的准时完工才能保证订单的准时完工，这也意味着对客户服务质量的保证。在一个企业中，不同的子订单总是有着大量相同或类似的零部件同时进行加工，在车间生产的复杂情况下，由于生产实际与生产计划的偏差，在制品未能按时到位的情况经常发生。在产品结构树中低层的零部件的缺件破坏了生产的成套性，将导致高层零部件的生产计划无法执行，形成一个逐层向上的恶性循环。

其次是在企业间集成化管理的条件下，保证下游企业所需要的实时计划信息。这意味着企业使用精确实时的生产进度数据，修正预订单对应的每一个子订单的相关计划记录，以保持生产计划的有效性。在没有相应的跟踪机制的情况下，同一个生产计划、同一批半成品都可能对应着多份订单，实际上无法度量具体订单的生产进度。

可见，生产控制系统必须建立跟踪机制才能实现面向订单的数据搜集，生产计划系统也才能够获得必要的信息，以实现面向用户的实时计划修正。

第三节　库存控制

供应链管理环境下的库存控制问题是供应链管理的重要内容之一。一般情况下，人们设置库存的目的是防止短缺，就像水库里储存的水一样。另外，库存还具有保持生产过程连续性、分摊订货费用、快速满足用户订货需求的作用。在企业生产中，尽管库存是出于种种经济考虑而存在，但是库存也是一种无奈的结果，它是由于人们无法预测未来的需求变化，才不得已采用的应付外界变化的手段，也是因为人们无法使所有的工作都做得尽善尽美，才产生一些人们并不想要的冗余与囤积，即不和谐的工作沉淀。持有库存的主要原因是：意想不到的顾客需求变化，由于产品生命周期的缩短，使得顾客需求的历史数据不可用，许多竞争性产品的出现也使得预测特定型号产品的难度增加；供应的数量和质量、供应成本和交货时间都存在显著的不确定性；交货提前期的存在，也需要持有库存；运输公司促使企业运输大批量的产品，产生大量的库存。供应链一般由供应商、制造商、配送中心和仓库组成，所以库存在供应链中的形式有：原材料库存、在制品库存以及成品库存，每种形式的库存需要不同的库存控制机制。

人们一般根据物品需求的重复程度将库存分为单周期库存和多周期库存。单周期需求也叫一次性订货，这种需求的特征是偶发性和物品生命周期短，因而很少重复订货，如报纸，没有人会订过期的报纸来看，人们也不会在农历八月十六预订中秋月饼，这些都是单周期需求。多周期需求是在长时间内需求反复发生，库存需要不断补充，在实际生活中，这种需求现象较为多见。多周期需求又分为独立需求库存与相关需求库存两种情况，所谓独立需求是指需求变化独立于人们的主观控制能力之外，因而其数量与出现的概率是随机的、不确定的、模糊的；相关需求的需求数量和需求时间与其他的变量存在一定的相互关系，可以通过一定的数学关系推算得出。对于一个相对独立的企业而言，其产品是独立的需求变量，因为其需求的数量与需求时间对于作为系统控制主体的企业管理者而言，一般是无法预先精确确定的，只能通过一定的预测方法得出；但是生产过程中的在制品以及需要的原材料，则可以通过产品的结构关系和一定的生产比例关系准确确定。

一、库存管理

（一）库存补给策略

独立需求的库存控制与相关需求的库存控制原理是不相同的。独立需求对一定的库存控制系统来说，是一种外生变量，相关需求则是控制系统的内生变量。不管是独立需求库存控制还是相关需求库存控制，都要回答这些问题：如何优化库存成本？怎样平衡生产与销售计划来满足一定的交货要求？怎样避免浪费减少不必要的库存？怎样避免需求损失和利润损失？归根到底，库存控制要解决三个主要问题：确定库存检查周期、确定订货量、确定订货点（何时订货）。独立需求库存控制采用的是订货点控制策略，因此首先介绍一下几种常见的库存补给策略。订货点法库存管理的策略很多，最基本的策略有四种：连续性检查的固定订货量、固定订货点策略，即（Q，R）策略；连续性检查的固定订货点、最大库存策略，即（R，S）策略；周期性检查策略，即（t，S）策略；综合库存策略，即（t，R，S）策略。在这四种基本的库存策略基础上，又延伸出很多种库存策略。

（Q，R）策略：该策略的基本思想是对库存进行连续性检查，当库存降

低到订货点水平 R 时，即发出一个订货，每次的订货量保持不变，都为固定值 Q。该策略适用于需求量大、缺货费用较高、需求波动性很大的情形。

（R，S）策略：该策略和（Q，R）策略一样，都是连续性检查类型的策略，要随时检查库存状态。当发现库存降低到订货点水平 R 时，开始订货，订货后使最大库存保持不变，即为常量 S，如果发出订单时库存量为 I，则其订货量为（$S-I$）。该策略和（Q，R）策略的不同之处在于其订货量是按实际库存确定，因而订货量是可变的。

（t，S）策略：该策略是每隔一定时期检查一次库存，并发出一次订货，把现有库存补充到最大库存水平 S。如果检查时库存量为 I，则订货量为（$S-I$）。经过固定的检查期 t，发出订货，若库存量为 I_1，则订货量为（$S-I_1$）。经过一定的时间，补充库存（$S-I_1$），库存到达某点最大库存水平。再经过一个固定的检查时期 t，又发出一次订货，订货量为（$S-I_2$），经过一定的时间，库存又达到另一最大库存水平。如此周期性检查库存，不断补给。该策略不设订货点，只设固定检查周期和最大库存量，适用于一些不太重要的或使用量不大的物资。

（t，R，S）策略：该策略是策略（t，S）和策略（R，S）的综合。这种补给策略有一个固定的检查周期 t、最大库存量 S、固定订货点水平 R。当经过一定的检查周期 t 后，若库存低于订货点，则发出订货，否则不订货，订货量的大小等于最大库存量减去检查时的库存量。当经过固定的检查时期到达 A 点时，此时库存已降低到订货点水平 R 之下，因而应发出一次订货，订货量等于最大库存量 S 与当时的库存量 I_1 的差（$S-I_1$）。经过一定的订货提前期后在 B 点订货到达，库存补充到 C 点，在第二个检查期到来时，此时库存位置在 D，比订货点水平位置线高，无须订货。第三个检查期到来时，库存点在 E，等于订货点，又发出一次订货，订货量为（$S-I_3$），如此周期进行下去，实现周期性库存补给，如图 7.1 所示。

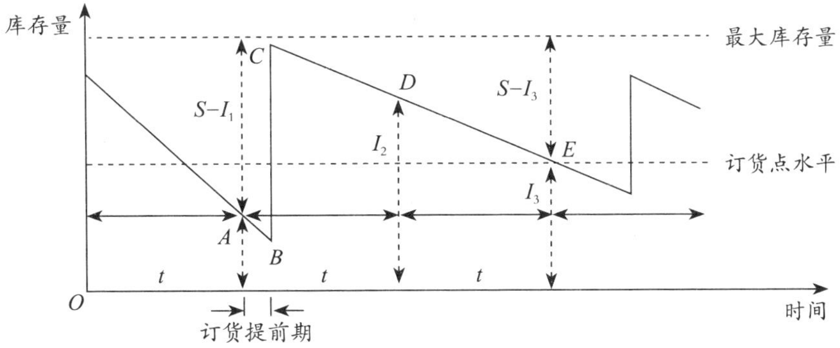

图 7.1　（t，R，S）策略

（二）库存模型

独立需求库存的控制模型根据其主要的参数，如需求量与提前期是否确定，可以分为确定型库存模型和随机型库存模型。随机型库存模型要解决的问题是：确定经济订货批量或经济订货期、确定安全库存量、确定订货点和订货后最大库存量。随机型库存模型又分为连续性检查和周期性检查两种情形。当需求量、提前期同时为随机变量时，库存模型较为复杂。确定型库存模型又分为周期性检查模型和连续性检查模型。通常，库存模型包括以下几种。

1. 经济批量模型

此模型是由福特·哈里斯在 1915 年提出的，它简单地说明了订货成本和储存成本之间的权衡。该模型假定一个仓库具有对单一产品的稳定需求，即需求的速度是恒定的，每天需求 D 件产品，订货批量固定在每次订货 Q 件，仓库每次发生一个固定成本（准备成本）K，保管每单品库存的单位时间的成本为 h，提前期和初始库存均为零，以及计划期无限长。这样在单位准备成本 KD/Q 等于单位时间持有成本 $hQ/2$ 的这个点上，订货量为：

$$Q=\sqrt{\frac{2KD}{h}}$$

2. 周期性检查模型

此类模型有六种，分为不允许缺货、允许缺货、实行补货三种情况，每种情况又分瞬时到货、延时到货两种情形。最常用的模型是不允许缺货、瞬时到货型。其最佳订货周期为：

$$T=\sqrt{\frac{2C_R}{HD}}$$

其中，C_R——单位订货费用（元）；

H——单位产品库存维持费（元/件、年）；

D——需求率（年需求量）（件/年）。

因此，最大库存量为：$S=T_iD$。

3. 连续性检查模型

连续性检查模型需要确定订货点和订货量两个参数，也就是解决（Q，R）策略的两个参数的设定问题。连续性检查模型可以分为六种：不允许缺货、瞬时到货型，不允许缺货、持时到货型，允许缺货、瞬时到货型，允许缺货、持时到货型，补货、瞬时到货型，补货、持时到货型。最常见的连续性检查模型是不允许缺货、瞬时到货型，最经典的经济订货批量模型就是这种。

（三）库存预测

预测是管理工具箱中的一个关键工具，通过预测可以有效地对库存进行管理，预测也可以对进入特许市场、扩大产能、实施促销计划等问题进行决策。但是，预测的特点是预测结果总是不准确的，预测的期限越长则误差越大，相反的预测更准确。常用的预测方法有多种，可以根据企业的实际情况，选择合适的预测方法。

①判断方法。判断方法试图将不同专家的意见系统地组合起来。例如德尔菲法，能够使一组专家达成一致意见却不需要将这些专家召集到一起，从而消除了专家组中个别有影响力的人主导整个决策过程。

②市场研究方法。市场测试和市场调查对于预测是有用的工具，尤其对于新推出的产品。市场预测通过测试几组潜在顾客对产品的反应可以估算整个市场对产品的预期需求，而市场调查可以通过面谈、电话、问卷等方式收集多种潜在顾客的数据。

③时间序列方法。时间序列方法是使用过去的数据来估计未来的数据，即被预测值是依据过去的数据。常用的时间序列方法有移动平均法、趋势数据方法、季节性数据方法等，各有其优缺点。

移动平均法：每个预测值是在此之前一定数量实际需求的平均值，其关键是选择多少个需求点进行处理，从而使得不规则效应最小。

趋势数据方法：如果数据具有趋势，使用回归分析和霍氏方法更好，回归分析可以将数据点拟合成一条直线，而霍氏方法结合了指数平滑法的概念与跟踪线性趋势的能力。

季节性数据方法：对于带季节性变化的需求，季节分解方法从数据中除去了季节性模式的部分，并对这些处理过的数据应用以上某些预测方法，如温特方法是一个在指数平滑中考虑趋势和季节性的方法。

④因果方法。时间序列方法完全基于要预测数据的历史值，而因果方法预测所基于的数据是其他数据的函数。如果用因果方法预测下一季度的销售可能基于通货膨胀、国民生产总值、失业率、天气等销售以外的该季度的因素数据。

二、供应链环境下的库存特征

库存以原材料、在制品、半成品、成品的形式存在于供应链的各个环节。库存决策的内容集中于运行方面，包括生产部署策略，如采用推式生产管理还是拉式生产管理；以及库存控制策略，如各库存点的最佳订货量、最佳再订货点、安全库存水平的确定等。绝大多数制造业供应链是由制造和分销网络组织的，通过原材料的输入转化为中间和最终产品，并把产品分销给用户。最简单的供应链网络只有一个节点（单一企业），它同时担负制造和分销功能。在复杂的供应链网络中，不同的管理者担负不同的管理任务，这样不同的供应链节点企业的库存，包括输入的原材料和最终的产品，都有复杂的关系。供应链的库存管理不是简单的需求预测与补给，而是要通过库存管理获得用户服务与利润的优化，其主要内容包括采用先进的商业建模技术来评价库存策略、提前期和运输变化的准确效果，决定经济订货量时考虑供应链企业各方面的影响，以及在充分了解库存状态的前提下确定适当的服务水平。

供应链环境下的库存问题和传统的企业库存问题有许多不同之处，这些不同点体现了供应链管理思想对库存的影响。传统的企业库存管理侧重于优化单一的库存成本，从存储成本和订货成本出发确定经济订货量和订货点。从单一的库存角度看，这种库存管理方法有一定的适用性；但是从供应链整体的角度看，单一企业库存管理的方法显然是不够的。目前，供应链管理环境下的库存控制存在的主要问题有三大类：信息类问题、供应链的运作问题、供应链的战略与规划问题。

供应链的库存与供应链的不确定性有很密切的关系。从供应链整体的角度看，供应链上的库存无非有两种，一种是生产制造过程中的库存，另一种是物流过程中的库存。库存存在的客观原因是应付各种各样的不确定性，保持供应链系统的正常性和稳定性，但是库存也会产生和掩盖管理中的问题。供应链上的不确定性的表现形式有两种：一种是衔接不确定性，企业之间（或部门之间）不确定性是供应链的衔接不确定性，这种衔接的不确定性主要表现在合作性上，为了消除衔接不确定性，需要增加企业之间或部门之间的合作性；另一种不确定性是运作不确定性，系统运行不稳定是组织内部缺乏有效的控制机制所致，控制失效是组织管理不稳定和不确定性的根源，为了消除运行中的不确定性，需要增加组织的控制，提高系统的可靠性。供应链的不确定性的来源主要有三个方面：供应者不确定性，生产者不确定性，顾客不确定性。不同原因造成的不确定性的表现形式各不相同。

供应链上的不确定性，不管其来源于哪方面，从根本上讲是三个方面的原因造成的：一是需求预测水平造成的不确定性，预测水平与预测时间的长度有关，预测时间长，预测精度则差，以及预测的方法对预测的影响；二是决策信息的可获得性、透明性、可靠性，信息的准确性对预测同样造成影响，下游企业与顾客接触的机会多，可获得的有用信息多，远离顾客需求，信息可获性和准确性差，因而预测的可靠性差；三是决策过程的影响，特别是决策人心理的影响，需求计划的取舍与修订，对信息的要求与共享，无不反映个人的心理偏好。

为了减少企业的库存水平，需要增加企业之间的信息交流与共享，减少不确定性因素对库存的影响，增加库存决策信息的透明性、可靠性、实时性。因此，需要企业之间的协调，供应链管理模式下的库存管理的最高理想是实现供应链企业的无缝连接，消除供应链企业之间的高库存现象。

三、供应链的库存管理策略

为了适应供应链管理的要求，供应链环境下的库存管理方法必须进行相应的改变，结合国内外企业实践经验及理论研究成果，这里介绍几种先进的供应链库存管理技术与方法，如供应商管理库存系统、联合库存管理、多级库存控制等。

（一）供应商管理库存系统

长期以来，流通中的库存是各自为政的，流通环节中的每一个部门都各自管理自己的库存，零售商、批发商、供应商都有各自的库存，各个供应链环节都有自己的库存控制策略。由于各自的库存控制策略不同，因此不可避免地产生需求的扭曲现象，即所谓的需求放大现象，无法使供应商快速地响应用户的需求。在供应链管理环境下，供应链的各个环节的活动应该都是同步进行的，而传统的库存控制方法无法满足这一要求。近年来，在国外出现了一种新的供应链库存管理方法——供应商管理用户库存，这种库存管理策略打破了传统的各自为政的库存管理模式，体现了供应链的集成化管理思想，适应了市场变化的要求，是一种新的有代表性的库存管理思想。精心设计与开发的供应商管理库存系统，不仅可以降低供应链的库存水平、降低成本，而且用户还可获得高水平的服务，改善资金流以及与供应商共享需求变化的透明性和获得更高的用户信任度。

通常来说，库存是由库存拥有者管理的，由于无法确切知道用户需求与供应的匹配状态，所以需要库存，库存设置与管理是由同一组织完成的。这种库存管理模式并不总是最优的，例如，一个供应商用库存来应付不可预测的或某一用户不稳定的（这里的用户不是指最终用户，而是分销商或批发商）需求，用户也需要设立库存来应付不稳定的内部需求或供应链的不确定性。虽然供应链中每一个组织独立地寻求保护其各自在供应链的利益不受意外干扰，但这是不可取的，因为这样做影响了供应链的优化运行。供应链的各个不同组织根据各自的需要独立运作，导致重复建立库存，因而无法达到供应链全局的最低成本，整个供应链系统的库存会随着供应链长度的增加而发生需求扭曲。供应商管理库存系统是能够打破传统的条块分割的库存管理模式，以系统的、集成的管理思想进行库存管理，使供应链系统能够获得同步化的运作，是一种很好的供应链库存管理策略。

供应商管理库存是生产厂家等上游企业对零售商下游企业的流通库存进行管理和控制，生产厂家通过基于零售商的销售等信息来判断零售商的库存是否需要补充，若需要补充将自动地向本企业的物流中心发出发货的指令，以补充零售商的库存。国外有关学者认为供应商管理库存是一种存在于用户和供应商之间的合作性策略，对双方来说都是以最低的成本优化产品的可获得性，在一个双方都同意的目标框架下由供应商来管理库存，这样的目标框架被经常性监督和修正，以产生一种连续改进的环境。

供应商管理库存广泛采用货物售点系统、计算机辅助订货以及连续补货计划等技术。在 EDI/Internet、ID 代码、条码、条码应用标识符以及连续补货程序支持下，将零售商向供应商发出订单的传统订货方法，转变为供应商根据用户库存和销售信息决定商品的补给数量。为了快速响应用户的“降低库存”的要求，供应商通过同用户（分销商、批发商或零售商）建立合作伙伴关系，主动提高向用户交货的频率，使供应商从过去单纯执行用户的采购订单转变为主动为用户分担补充库存的责任，在加快供应商响应用户需求速度的同时，也使用户减少了库存水平。

实施供应商管理库存的策略，首先要改变订单的处理方式，建立基于标准的托付订单处理模式。由供应商和批发商一起确定供应商的订单业务处理过程所需要的信息和库存控制参数，建立一种订单的处理标准模式，如电子数据交换标准报文，并把订货、交货和票据处理各个业务功能集成在供应商一边。其次，库存状态透明性（对供应商）是实施供应商管理用户库存的关键，供应商能够随时跟踪和检查到销售商的库存状态，从而快速地响应市场的需求变化，对企业的生产（供应）状态做出相应的调整。为此，需要建立一种能够使供应商和用户（分销、批发商）的库存信息系统透明连接的方法。

具体来说，供应商管理库存策略的实施包括以下步骤。

一是建立顾客情报信息系统。要有效地管理销售库存，供应商必须能够获得顾客的有关信息，通过建立顾客的信息库，供应商能够掌握需求变化的有关情况，把由批发商（分销商）进行的需求预测与分析功能集成到供应商的系统中来。

二是建立销售网络管理系统。供应商要很好地管理库存，必须建立完善的销售网络管理系统，保证自己的产品需求信息和物流畅通。因此，必须保证自己产品条码的可读性和唯一性；解决产品分类、编码的标准化问题；解决商品存储运输过程中的识别问题。目前，已有许多企业开始采用制造资源计划或企业资源规划系统，这些软件系统都集成了销售管理的功能，通过对这些功能的扩展，可以建立完善的销售网络管理系统。

三是建立供应商与分销商（批发商）的合作框架协议。供应商和销售商（批发商）一起通过协商，确定处理订单的业务流程以及控制库存的有关参数（如再订货点、最低库存水平）、库存信息的传递方式（如电子数据交换或互联网）等。

四是变革组织机构。供应商管理库存策略改变了供应商的组织模式，过去一般由会计经理处理与用户有关的事情，在引入供应商管理库存策略后，原订货部门产生了一个新的职能，要对用户库存的控制、库存补给和服务水平负责。

五是供应商管理库存的支持技术。积极采用先进技术，主要包括 EDI/Internet、ID 代码、条码、条码应用标识符、连续补给程序等。

（二）联合库存管理

供应商管理库存是一种供应链集成化运作的决策代理模式，它把用户的库存决策权委托给供应商，由供应商代理分销商或批发商行使库存决策的权力。联合库存管理则是一种风险分担的库存管理模式，联合库存管理的思想可以从分销中心的联合库存功能谈起。地区分销中心体现了一种简单的联合库存管理思想，传统的分销模式是分销商根据市场需求直接向工厂订货，比如汽车分销商（或批发商）根据用户对车型、款式、颜色、价格等的不同需求，向汽车制造厂订货，需要经过一段较长时间才能达到，因为顾客不想等待这么久的时间，因此各个推销商不得不进行库存备货，这样大量的库存使推销商难以承受，以致破产。采用分销中心后的销售方式，各个销售商只需要少量的库存，大量的库存由地区分销中心储备，也就是各个销售商把其库存的一部分交给地区分销中心负责，从而减轻了各个销售商的库存压力。分销中心就起到联合库存管理的功能，分销中心既是一个商品的联合库存中心，同时又是需求信息交流与传递的枢纽。

近年来，在供应链企业之间的合作关系中，更加强调双方的互利合作关系，联合库存管理就体现了战略供应商联盟的新型企业合作关系。联合库存管理是解决供应链系统中由于各节点企业的相互独立库存运作模式导致的需求放大现象，提高供应链的同步化程度的一种有效方法。联合库存管理和供应商管理用户库存不同，强调双方的同时参与，共同制订库存计划，使供应链过程中的每个库存管理者（供应商、制造商、分销商）都从相互之间的协调性考虑，保证供应链相邻的两个节点之间的库存管理者对需求的预期保持一致，从而消除了需求变异放大现象。任何相邻节点需求的确定都是供需双方协调的结果，库存管理不再是各自为政的独立运作过程，而是供需连接的纽带和协调中心。

联合库存管理把供应链系统进一步集成为上游和下游两个协调管理中心，从而部分消除了由于供应链环节之间的不确定性和需求信息扭曲现象所导致的供应链的库存波动。通过协调管理中心，供需双方共享需求信息，因而提高了供应链的运作稳定性。基于协调中心的库存管理和传统的库存管理模式相比，有以下几个方面的优点：为实现供应链的同步化运作提供了条件和保证；减少了供应链中的需求扭曲现象，降低了库存的不确定性，提高了供应链的稳定性；库存作为供需双方的信息交流和协调的纽带，可以暴露供应链管理中的缺陷，为改进供应链管理水平提供了依据；为实现零库存管理、准时制生产以及精细供应链管理创造了条件；进一步体现了供应链管理的资源共享和风险分担的原则。

联合库存管理的实施步骤包括如下所述。

首先，建立供需协调管理机制。为了发挥联合库存管理的作用，供需双方应从合作的精神出发，建立供需协调管理机制，明确各自的目标和责任，建立合作沟通的渠道，为供应链的联合库存管理提供有效的机制。没有一个协调的管理机制，就不可能进行有效的联合库存管理。供需协调管理机制的内容包括：

①建立共同合作目标。要建立联合库存管理模式，供需双方必须本着互惠互利的原则，建立共同的合作目标，要理解供需双方在市场目标中的共同之处和冲突点，通过协商形成共同的目标，如用户满意度、利润的共同增长和风险的减少等。

②建立联合库存的协调控制。联合库存管理中心担负着协调供需双方利益的角色，起着协调控制器的作用。因此需要确定库存优化的方法，包括库存如何在多个需求商之间调节与分配、库存的最大量和最低库存水平、安全库存的确定、需求的预测等。

③建立信息沟通的渠道。系统信息共享是供应链管理的特色之一，为了提高整个供应链的需求信息的一致性和稳定性，减少由于多重预测导致的需求信息扭曲，应增加供应链各方对需求信息获得的及时性和透明性。为此应建立一种信息沟通的渠道或系统，以保证需求信息在供应链中的畅通和准确性。要将条码技术、扫描技术、货物售点系统和电子数据交换集成起来，并

充分利用互联网的优势，在供需双方之间建立一个畅通的信息沟通桥梁和联系纽带。

④建立有效的利益分配和激励机制。基于协调中心的库存管理，必须建立一种公平的利益分配制度，并对参与协调库存管理中心的各个企业（供应商、制造商、分销商或批发商）进行有效的激励，防止机会主义行为，增加协作性和协调性。

其次，发挥各种资源计划系统的作用。为了发挥联合库存管理的作用，在供应链库存管理中应充分利用比较成熟的两种资源管理系统：制造资源计划和营销渠道需求计划，在原材料库存协调管理中心应采用制造资源计划系统，而在产品联合库存协调管理中心则应采用营销渠道需求计划，这样才能在供应链系统中把两种资源计划系统很好地结合起来。

再次，建立快速响应系统。快速响应系统是在 20 世纪 80 年代末由美国服装行业发展起来的一种供应链管理策略，目的在于减少供应链中从原材料到用户过程的时间和库存，最大限度地提高供应链的运作效率。快速响应系统在美国等西方国家的供应链管理中被认为是一种有效的管理策略，美国博楷管理咨询公司调查分析认为：实施快速响应系统后供应链效率大大提高，缺货大大减少，通过供应商与零售商的联合协作保证 24 小时供货；库存周转速度提高 1 ～ 2 倍；通过敏捷制造技术，企业的产品中有 20% ～ 30% 可以根据用户的需求制造。快速响应系统需要供需双方的密切合作，因此协调库存管理中心的建立为快速响应系统发挥更大的作用创造了有利的条件。

最后，发挥第三方物流系统的作用。第三方物流系统是供应链集成的一种技术手段。第三方物流也叫作物流服务提供者，它为用户提供各种服务，如产品运输、订单选择、库存管理等。第三方物流系统由一些大的公共仓储公司通过提供更多的附加服务演变而来，或由一些制造企业的运输和分销部门演变而来。把库存管理的部分功能委托给第三方物流系统管理，可以使企业更加集中精力于自己的核心业务。第三方物流系统起到在供应商和用户之间建立联系的桥梁作用，可以帮助企业减少成本，使企业集中精力于核心业务，获得更多的市场信息，获得一流的物流咨询，改进服务质量，以及快速进入国际市场。面向协调中心的第三方物流系统使供应与需求双方都取消了各自独立的库存，增加了供应链的敏捷性和协调性，大大改善了供应链的用户服务水平和运作效率。

（三）多级库存控制

基于协调中心的联合库存管理是一种联邦式供应链库存管理策略，是对供应链的局部优化与控制，而要进行供应链的全局性优化与控制，则必须采用多级库存优化与控制方法。因此，多级库存的优化与控制是供应链资源的全局性优化。多级库存的优化与控制是在单级库存控制的基础上形成的，多级库存系统根据不同的配置方式，有串行系统、并行系统、组装系统、树形系统、无回路系统和一般系统等。供应链管理的目的是使整个供应链各个环节的库存最小，但是现行的企业库存管理模式是从单一企业内部的角度去考虑库存问题，因而并不能使供应链整体达到最优。

多级库存控制有两种方法：一种是非中心化（分布式）策略，另一种是中心化（集中式）策略。非中心化策略是各个库存点独立地采取各自的库存策略，这种策略在管理上比较简单，但是并不能保证产生整体的供应链优化，如果信息的共享度低，多数情况产生的是次优的结果，因此非中心化策略需要更多信息共享。采用中心化策略，所有库存点的控制参数是同时决定的，考虑了各个库存点的相互关系，通过协调的办法获得库存的优化，但是中心化策略在管理上的协调难度大，特别是供应链的层次比较多，即供应链的长度增加时，更增加了协调控制的难度。

多级库存控制的实施步骤如下所述。

第一要明确库存优化的目标。库存优化的目标是成本还是时间？传统的库存优化问题无一例外地进行库存成本优化，在强调敏捷制造、基于时间的竞争条件下，这种成本优化策略是否适宜？供应链管理的高效客户反应和快速反应两个基本策略，都体现了顾客响应能力的基本要求，因此在实施供应链库存优化时要明确库存优化的目标是什么。成本是库存控制中必须考虑的因素，但是在现代市场竞争的环境下，仅优化成本这样一个参数显然是不够的，应该同时把时间（库存周转时间）的优化也作为库存优化的主要目标来考虑。

第二要明确库存优化的边界。供应链库存管理的边界是指供应链的范围，在库存优化中，一定要明确所优化的库存范围是什么。供应链的结构有各种各样的形式，全局的供应链包括供应商、制造商、分销商和零售商各个部门；局部的供应链可以分为上游供应链和下游供应链。在传统的库存优化模型中，绝大多数的库存优化模型是下游供应链，即关于制造商（产品供应商）—分销中心（批发商）—零售商的三级库存的优化，很少有关于零部件供应商、制造商之间的库存优化模型。在上游供应链中，主要考虑的问题是关于供应商的选择问题。

第三要明确多级库存优化的效率决策。理论上讲，如果所有的相关信息都是可获得的，并把所有的管理策略都考虑到目标函数中去，中心化的多级库存优化要比基于单级库存优化的策略（非中心化策略）要好。但是，现实情况未必如此，当把组织与管理问题考虑进去时，管理控制的幅度常常是下放给各个供应链的部门独立进行，因此多级库存控制策略的好处也许会被组织与管理的考虑所抵消。因此，简单的多级库存优化并不能真正产生优化的效果，需要对供应链的组织、管理进行优化，否则多级库存优化策略的效率是低下的。

第四要明确库存控制的策略。在单库存点的控制策略中，一般采用的是周期性检查与连续性检查策略，在周期性检查库存策略中主要有（Q，s，R）、（S，R）、（s，S，R）等策略，连续库存控制策略主要有（s，Q）和（s，S）两种策略。这些库存控制策略对于多级库存控制仍然适用。但是，目前关于多级库存控制都是基于无限能力假设的单一产品的多级库存，对于有限能力的多产品的库存控制是供应链多级库存控制的难点和有待解决的问题。

大多数库存模型都是假设单一设施（如一个仓库或零售点）管理自己的库存，从而尽可能使自己的成本最小。当考虑一个由多个设施组成的供应链，并且这些设施都属于一家企业，企业的目标就是管理仓库以减少成本，这就是级库存的概念。在一个配送系统中，每一阶段和层次通常称为一级，因此系统在任何阶段或层次的级库存等于该级的现有库存加上所有下游库存，如仓库的级库存等于仓库中的库存加上所有零售商的在途库存和现有库存，同样仓库的级库存状况是仓库的级库存加上库存的在途订货再减去缺货量。

以下分别从时间优化和成本优化的角度探讨多级库存的优化控制问题。基于成本优化的多级库存控制实际上就是确定库存控制的有关参数，包括库存检查期、订货点、订货量，在传统的多级库存优化方法中，主要考虑的供应链模式是生产—分销模式。在库存控制中，考虑集中式（中心化）和分布式（非中心化）两种库存控制策略的情形，控制的方法包括基于成本和时间的多级库存控制。

1. 供应链的库存成本结构

供应链的库存成本结构包括库存维持费用、交易成本、缺货损失成本等。

维持库存费用 C_h：在供应链的每个阶段都要维持一定的库存，以保证生产、供应的连续性，这些库存维持费用包括资金成本、仓库及设备折旧费、税收、保险金等。维持库存费用与库存价值和库存量的大小有关，成本是沿着供应链从上游到下游的一个累积的过程，如果 h_i 为单位周期内单位产品（零件）的维持库存费用，v_i 表示 i 级库存量，那么，整个供应链的库存维持费用为：

$$C_h=\sum_{i=1}^{n} h_i v_i$$

交易成本 C_t：在供应链企业之间的交易合作过程中产生的各种费用，包括谈判要价、准备订单、商品检验费用、佣金等。交易成本随交易量的增加而减少。交易成本与供应链企业之间的合作关系有关，企业通过建立一种长期的互惠合作关系，有利于降低交易成本。战略伙伴关系的供应链企业之间交易成本是最低的。

缺货损失成本 C_s：缺货损失成本是由于供不应求，即库存 v_i 小于零的时候，造成市场机会损失以及用户罚款等成本。缺货损失成本与库存大小有关，库存量大缺货损失成本小，反之缺货损失成本高。

为了减少缺货损失成本，维持一定量的库存是必要的，但是库存过多将增加维持库存费用。因此，在多级供应链中，提高信息的共享程度、增加供需双方的协调与沟通有利于减少缺货带来的损失。总的库存成本可以表示为：

$$C=C_h+C_t+C_s$$

多级库存控制的目标就是优化总的库存成本 C，使它最小。

2. 基于成本的库存控制策略

多级库存的控制策略分为中心化控制策略和非中心化控制策略。目前，关于多级库存的中心化控制策略的探讨不多，采用中心控制的优势在于能够对整个供应链系统的运行有一个较全面的掌握，能够协调各个节点企业的库存活动。中心化控制是将控制中心放在核心企业上，由核心企业对供应链系统的库存进行控制，协调上游与下游企业的库存活动。这样，核心企业就成了供应链上的数据中心（数据仓库），担负着数据的集成、协调功能。中心化库存优化控制的目标是使供应链上总的库存成本最低。

非中心化库存控制是把供应链的库存控制分为三个成本归结中心，即制造商成本中心、分销商成本中心和零售商成本中心，各自根据自己的库存成本做出优化的控制策略。非中心化的库存控制要取得整体的供应链优化效果，需要提升供应链的信息共享程度，使供应链的各个部门都共享统一的市场信息。非中心化多级库存控制策略能够使企业根据自己的实际情况独立做出快速决策，有利于发挥企业各自的独立自主性和灵活机动性。非中心化库存订货点的确定，可完全按照单点库存的订货策略进行，即每个库存点根据库存的变化，独立地决定库存控制策略。非中心化的多级库存优化策略，要求企业之间的协调性比较好，如果协调性差有可能导致各自为政的局面。

3. 基于时间的多级库存控制

随着市场变化，市场竞争已从传统、简单的成本优先的竞争模式转变为时间优先的竞争模式，这就是敏捷制造的思想，因此供应链的库存优化不能简单地仅优化成本。在供应链管理环境下，库存优化还应该考虑对时间的优化，比如库存周转率的优化、供应提前期优化、平均上市时间的优化等。库存时间过长对于提升产品的竞争力不利，因此，供应链系统应从提高用户响应速度的角度提高供应链的库存管理水平。随着时间的推移，零售商从供应商处获得的库存水平与变化的提前期相关，随着提前期的增加，库存量更大，而且摆动更大，缩短提前期不但能够维持更少的库存，而且有利于库存控制。

有效降低库存的策略关注的是降低库存水平而不是降低成本，库存周转率的增加可以导致库存水平的下降，可采取策略包括：一是严格管理消耗速度、提前期和安全库存，确保企业的库存维持在合适的水平，使企业可以出现连续消耗速度降低的状况，促使同一时期内的库存水平上升；二是通过缩短提前期来降低安全库存水平；三是引入周期盘点活动，以系统每天对部分库存进行盘点来取代每年的库存实物盘点，这样每种产品在一年中可以盘点数次；四是ABC分类法，即将产品分类进行管理的策略，A类产品是指所有高回报的产品，一般占年销售额的80%，而占库存存储种类的20%，B类产品占年销售额的15%，C类产品代表低回报产品，仅占年销售额的5%，所以对A类产品要进行高频率的定期检查，而对C类产品则保持其中便宜产品的库存，而不保持其中较贵产品的库存；五是将更多的库存转移给供应商，或者采取定量方法，关注库存持有成本和订货成本之间的权衡。

（四）战略库存控制

库存控制是个很复杂的企业综合管理问题，尽管目前已有许多数学模型能够辅助库存管理，但是从管理的战略意义上讲，这些模型和算法都很难解决库存控制中的本质问题——战略性库存决策问题。对于库存的理解，人们习惯认为它是资源的储备或暂时性的闲置，因此，长期以来对库存作用的理解就针对库存是因“储备”而存在还是因“闲置”而存在产生了截然相反的看法。持库存是储备的观点认为，库存是维持正常生产、保持连续、应付不测需求所必需的；而持库存是闲置的观点认为，库存是一种浪费，它掩盖管理中的问题，因此主张消除库存，通过无库存生产方式不断地降低库存水平，暴露管理问题，然后解决问题，使管理工作得到改进，达到一个新的水平，这是一个循环往复、不断改进的过程，准时制生产思想集中体现了这种理念。

更深层次的研究发现，库存并不是简单的资源储备或闲置的问题，而是一种组织行为问题。库存是企业之间或部门之间没有实现无缝连接的结果，因此，库存管理的真正本质不是针对物料的物流管理，而是针对企业业务过程的工作流管理。基于传统的库存观点，库存管理就是物料管理，于是人们花大量的时间与精力去优化库存，使物料成本得以优化，但是效果总是没有达到预期水平。这种只看树木不看森林的管理思维一直没有得到突破，而所谓的库存管理也总是围绕着物流管理、仓库管理等问题展开，或者基于降低浪费的角度，采用准时制生产进行无休止地改进以降低库存。虽然这些都是库存管理的有效方法，但是从根本上来说，仍然没有解决库存的本质问题。

从传统的以物流控制为目的的库存管理向以过程控制为目的的库存管理的转变是库存管理思维的变革。基于过程控制的库存管理将是全面质量管理、业务流程再造、工作流技术、物流技术的集成，这种新的库存管理思想对企业的组织行为将产生重要的影响，组织结构将更加面向过程。供应链是多个组织的联合，通过有效的过程管理可以减少乃至消除库存。在供应链库存管理中，组织障碍是库存增加的一个重要因素，不管是企业内部还是企业之间，相互的合作与协调是实现供应链无缝连接的关键。在供应链管理环境下，库存控制不再是一种运作问题，而是企业的战略性问题，要实现供应链管理的高效运行，必须增加企业的协作，建立有效的合作机制，不断进行流程革命。

因而，库存管理并不是简单的物流过程管理，而是企业之间工作流的管理。基于工作流的库存管理能够解决传统的库存控制方法无法解决的库存协调问题，特别是多级库存控制问题。多级库存管理涉及多组织之间的协作关系，这是企业之间的战略协作问题。基于工作流的库存控制策略把供应链的集成推向一个新的战略高度，也就是企业间的协作与合作。

第四节　物流控制

一、物流管理概述

（一）物流管理的形成

现代供应链的物流管理是从配送管理、物料管理、后勤管理等概念延伸出来的，物流管理有其形成和发展的过程。1935 年，美国销售协会最早对物流（配送）下了定义：“包含于销售之中的物质资料和服务从生产地点到消费地点流动过程中，伴随的种种经济活动”，国内学者认为这就是关于物流的最早表述。

1918 年，第一次世界大战期间，英国犹尼利弗的商人哈姆勋爵成立了一个“即时送货股份有限公司”，公司的宗旨是在全国范围内把商品及时送到批发商、零售商和用户的手中，这一事件被认为是物流活动最早的文献记录。

后勤管理在物流管理的起源和发展过程中扮演了重要的角色，后勤管理起源于军事战时物资的供应管理。第二次世界大战时，美国根据军事上的需要，在对军火进行供应时首先采用了后勤管理这个词。后来，后勤管理形成了一个独立的学科，不断发展形成后勤工程、后勤管理、后勤分配等。美国学者鲍沃索·克斯在1974出版的《后勤管理》一书中对后勤管理下的定义是："以买主为起点，将原材料、零部件、制成品在各个企业之间有策略地加以流转，最后到达用户手中，其间所需要的一切活动的管理过程"，这是关于后勤管理的比较全面的论述。

美国国家物流管理协会1976年在定义后勤管理中指出：后勤活动包括用户服务、需求预测、销售情报、库存控制、物料搬运、订货销售、零配件的供应、工厂及仓库的选址、物资采购、包装、废物的处理、运输、仓储等。1980年，美国后勤管理协会对后勤管理所下的定义与此类似。

在物流管理出现之前，企业没有一个独立的物流管理业务部门，物流只是被当作制造活动的一部分，没有职业物流人员和关于这方面的学术研究，直到20世纪60年代物料管理和物资配送出现后，这种情况才有所改变。物料管理被认为是对企业的原材料的采购、运输、原材料和在制品的库存管理，而配送管理是对企业的输出物流的管理，包括需求预测、产品库存、运输、库存管理和用户服务。20世纪80年代出现了集成物流的概念，它把企业的输入与输出物流管理以及部分市场和制造功能集成在一起。供应链管理是20世纪90年代才出现的新的管理模式，并随之出现了集成供应链概念，企业从眼睛向内转向眼睛向外，通过和其他供应链成员进行物流协调寻找商业机会。

不同学者对物流管理、物料管理、后勤管理等概念的理解和其所指的范围的理解有所不同，各种概念的范畴不断扩大，并且出现交叉。到后来，后勤管理已经基本上用来指物流管理，现在国外的文献中，已经将后勤管理用来泛指企业之间的物流管理，不再是传统意义的物流管理。传统意义的物流即是物资配送，与后勤是有区别的，后来物资配送管理的概念很少使用，而将通用后勤管理作为物流管理。后勤管理取代传统的物资配送管理，对于规范物流管理的术语有重要意义，是现代生产方式为适应市场需要和提高服务功能的必然趋势。目前，物流管理已经扩展到包括上游供应链的企业之间的物资管理，从这个意义上讲，物流指的是供应链范围内企业之间的物资转移活动，不包括企业内部的生产活动。现代的企业物流管理已经把采购与分销两个为生产服务的领域统一在一起，形成所谓的物流供应链，这就是现代物流管理的含义。

（二）物流管理的内容和含义

物流管理的内容从物流的范围可分为企业内物流和企业外物流。企业内物流（微观物流）是指原材料采购、临时性存放于工序内、车间内、专业厂内以及它们之间的半成品、成品搬运到成品库的活动过程，仓库作业的入库、验收、存储保管、调拨、发放等。企业外物流即分销物流，处于社会物流（大物流）中。从物流所处的环节，物流活动分为生产物流、供应物流和销售物流，生产物流是指企业制造活动过程中原材料、在制品、半成品、产品在工厂范围内的流动，生产物流贯穿于产品生产工艺流程的全过程；供应物流是为保证生产企业的物资供应，通过采购行为使物资从供应单位流转到购物单位所形成的物流，它与生产物流的输入端相连接；销售物流是指生产企业在销售过程中，产品从生产企业到用户之间的物流。销售物流和供应物流是对同一企业而言的，对不同的企业，供应企业的销售物流即为购货企业的供应物流。此外，还有回收物流和废弃物流。

物流管理有狭义与广义两个方面的含义。狭义的物流管理是指物资的采购、运输、配送、储备等活动，是企业之间的一种物资流通活动。广义的物流管理包括生产过程中的物料的价值转化过程，即现在人们通常所说的供应链管理，所以国外有人认为供应链管理实际就是物流管理的延伸和扩展。以供应链管理思想为出发点，以集成思想与系统理论为指导原则，物流具有三种表现形式，即物质表现形式、价值表现形式和信息表现形式。物流的物质表现是指企业之间的物质资源的转移，包括时间、空间和形态的转移；物流的价值表现是指物流过程是一个价值增值过程，是一个能够创造时间价值和空间价值的过程；物流的信息表现是指物流过程是一个信息采集、传递与加工过程。基于这种观点，现代物流的研究范畴应包括供应链的物流，供应链企业之间的原材料、半产品、产品的供应与采购关系，更具体地说是供应链联盟内的物流活动。如果从社会大范围的角度看，物流可以理解为所有为最终消费者提供商品和服务的活动网络，即供应网络，而供应链则是其中的一个通道，它关联着以下几个概念。

采购及供应管理，指处理企业与供应市场之间的各类业务活动，如采购、库存、运输、订单处理等，但不包括供应商的供应商，只与第一级供应商的业务有关。

后勤管理，指经过分销渠道到达最终用户的物料管理和信息管理。

配送管理，指处理与企业最直接的用户之间的业务关系，把产品销售给用户，但主要是一级用户，不涉及二级用户等非直接的用户。

物料管理，指处于供应链中间部分的物流和信息流，包括采购、库存管理、仓储管理、生产作业计划与控制、分销及配送管理，也就是从原料的采购进厂、生产再到产品交给第一级用户，不包括供应商的供应商和分销商的分销商及最终用户。

供应链管理，指跨企业范围的比物料管理更广泛的管理，它从战略层次上把握最终用户的需求，通过企业之间的有效合作，获得成本、时间、效率、柔性等的最佳效果，包括从原材料到最终用户的所有活动，是对整条供应链的过程管理。

（三）现代物流管理

面对全球竞争的加剧，当今的企业被迫采取一系列新的生产过程并实施不同的制造战略。企业意识到要提高整个供应链的管理，从快速交货以及缩短从产品订购到支付款项的周转时间，才是企业提高竞争能力的最佳手段。由于对于一个企业来说，其生产过程实质上是一个物流过程，生产计划实际上是一个物料流动计划，计划的对象是物料，计划执行的结果要通过对物料的监控来考核。

对于整个供应链而言，采取的所有优化策略的最终目标都是要在减少整个供应链库存水平的前提下，使传统物流在快捷和准确等方面大大加强，从而保证在恰当的时间和地点交付正确的产品。所以，物流管理是现代管理中不可忽视的部分，现代物流是现代管理制度、管理组织、管理技术、管理方法在物流中的运用，具体包括物流专业化、管理系统化、运输合理化、仓储自动化、包装服务标准化、装卸机械化、配送一体化以及信息网络化。

传统物流与现代物流有着较大的区别，其中一个区别就是两种物流的过程不同，传统物流主要研究企业内部制造过程中的物料流动情况，而现代物流则是研究包括供应、制造、销售在内的更为广泛的领域。传统物流与现代物流的另一个区别是媒质不同，传统物流只是狭义上物体、物质的流动过程，而现代物流则是研究物流、资金流、信息流等更为广泛的媒质的流动过程。现代物流较传统物流的第三个区别也是最大区别就是物流的系统化，系统化是现代物流管理的重要模式。物流系统是指在供应链管理活动中的各种物流功能，随着供应、生产、销售活动而发生，使物的流通效率提高的系统。这种系统大致可由作业系统和信息系统两个系统组成，作业系统是指运输、保管、配送、装卸、包装等作业，通过引入各种技术，以求自动化和效率化，并且各个功能之间能够完满地连接起来的系统；信息系统也称物流信息系统，在供应链管理活动中将供应、生产、销售系统有机地联系起来，从而使从订货到发货的信息活动更加完美，以便提高物流作业系统的效率。物流系统的作用主要在于将商品在适当的交货期内准确地向顾客配送；对顾客的订货要尽量满足，不能使商品脱销；适当地配置仓库和配送中心，维持商品适当的库存量；使运输、装卸、保管等作业自动化；维持适当的物流费用；使得从订货到发货的信息流畅通无阻；把销售信息迅速地反馈给批发商、制造商和供应商等。物流系统化的内容主要包括以下几个方面。

1. 大量化

随着消费的多样化、产品的多品种化，多数顾客往往要求频繁地订货和预约，并迅速交货。而接受订货的企业却要尽可能地使发货的批量变大，采取最低限额订购制，以期降低成本。大型超市、百货店要从制造厂或批发商那里进货，通过向各店铺个别交货的商品，由中间区域设置的配送中心集约起来，再大批量地送往各店铺，并按照顾客的定货量采用减价供货制。

2. 共同化

共同化主要是指在同一地区或同一业种的企业中，谋求物流共同化，尤其在大城市，交通过密导致，运输效率大大降低，积极参加共同配送的企业越来越多，各种销售业都面向百货店、大型超市实现共同配送。不少小规模的企业也共同出资建立“共同配送中心”，全面地使装卸、保管、运输、信息等物流功能协作化。

3. 短路化

过去很多企业的商品交易过程是按照制造厂→一次批发→二次批发→零售商→消费者的渠道进行的，商品经由的各个阶段都有仓库。现在销售物流可以不经由中间阶段，直接把商品从制造厂送到二次批发或零售商手中，使物流路线缩短，加快了商品的移动速度，压缩了库存量。

4. 自动化

企业在过去的运输、装卸、配送、保管、包装等物流功能中，引进了各种机械化、自动化的技术。在运输方面，运用了由托盘、集装箱发展起来的单位载荷制以及提高货物分拣机械化水平的技术。在保管方面，由于高层货架仓库发展为自动化仓库，大大提高了保管效率。

5. 信息化

物流系统中信息系统是指供应链中物料供应到产品生产、销售发货的信息处理的结构。在供应链活动中，信息是控制整个流程中各个系统相结合的物流作业系统的重要组成部分。因此，物流信息的系统化、效率化是物流系统化必不可少的条件。

通过实施现代物流，有利于缩短流通时间，有利于开展现代贸易，有利于缩短经济联系空间，有利于减少社会库存量，有利于减少流通费用等。

二、供应链环境下的物流

（一）供应链物流的内容

供应链上有五种类型“流”的运动，既包括信息流（需求信息流和供应信息流）、资金流、工作流和价值流，也包括物流。物流贯穿供应链的全过程，从供应商到核心企业的供应物流、核心企业的内部物流，再到分销商与最终客户的分销物流以及伴随而生的废弃物物流、回收物流等，形成了以核心企业为集散中心的物流体系。可见，在供应链上，物流是将产品或服务提供给最终客户，实现产品或服务价值增值的关键性活动。一次完整的商品流通过程包括从生产厂家将产品生产出来，通过运输、仓储、加工、配送到用户或消费者手中的物流全过程。其中分为以下几个环节：首先，生产厂家将生产的单个产品进行包装，并将多个产品集中在大的包装箱内；然后，经过运输、批发等环节，通常需要做更大的包装；最后，产品通过零售环节流通到消费者手中，通常在这一环节再还原为单个产品。人们将上述过程的管理称为供应链物流管理。

供应链的逆向物流是与正向物流（产品的生产—消费物流）方向相反的物流活动，逆向物流的形成是由于消费者对不满意产品的退货、不合格的材料和残次品进行退货、包装品的回收复用、废弃物的处理以及某些强制性和其他原因，如产品的有效期到期、法律禁止的具有某些危害的产品所形成的产品回收等，这些都会引起逆向物流。逆向物流包括产品的回收、替代、检验及分类、再加工以及处置与清理等环节的业务活动，它运作的好坏直接影响企业的信誉、客户服务水平、质量评价、现金流和经营成本。逆向物流是闭环供应链上的一个特殊的环节，它与正向物流的流向不同。正向物流的方向与供应链的方向是一致的，是从供应商的供应商，经由生产制造商、分销商、零售商，一直到客户的客户所形成的流向；而逆向物流的方向则是从客户反流至供应商的流向。逆向物流通常是人们无法预料的，无法对它进行掌控与计划，它何时发出、数量多少、从那里发出及流向何处都是一个未知数，它可能发生在供应链上的任何环节以及物流流程上的任一个作业过程。

逆向物流分为投诉退货、维修返回、商业返回、包装返回、终端使用返回、生产报废与副产品六种类型，它们普遍存在于企业和供应链的经营活动中，其涉及的部门从设计、采购、生产、仓储、包装、运输、配送、装卸搬运、流通加工到分销与销售以及维修服务，被回收的对象包括不合格的原材料和部件、生产中的报废品和残次品、库存与运输中的残损品、售出商品的退货、维修损坏退货、重复使用的包装品和过期失效以及被法律规定限用的产品等。在逆向物流中被回收的物品经过处理和修整，达到完好后也可以返回到正向物流中的任何环节，并可重新融入正向物流。所以，物流管理信息系统应该具有处理逆向物流的功能，并能与企业内各部门的系统、供应链上下游企业间的系统相连接，实现逆向物流上的信息共享。

供应链管理意味着跨企业的物流管理，它包括供应商、生产商、批发商和零售商等不同的企业在内的供应链的计划和运作活动的协调，意味着跨越各个企业的边界在供应链上应用系统观念进行集成化管理。如果供应链上的所有企业都孤立地优化自己的物流活动，那么整个供应链的物流不可能达到最优化，因此要实现更大范围甚至整个供应链物流的最优化，就必须从供应链整体出发来协调各成员企业的物流活动。库存成本是重要的因素，因此，供应链管理的驱动力是使供应链的总成本最小化，供应链上的库存主要集中在“成员企业组织的边界”上，即企业与企业之间的接口，这也是供应链物流管理的利润空间所在。同时，供应商行为的不确定性和客户行为的不确定性也会导致企业囤积缓冲库存。

（二）供应链环境下物流的特征

企业竞争环境的变化导致企业管理模式的转变，新的竞争环境体现了企业竞争优势要素的改变，供应链管理思想就是在新的竞争环境下出现的。在20世纪70年代以前，成本是主要的竞争优势；而20世纪80年代则是质量；20世纪90年代是交货时间，即所谓基于时间的竞争；到了21世纪初，这种竞争优势就会转移到所谓的敏捷性上来。在这样的环境下，企业的竞争就表现在如何以最快速度响应市场要求，满足不断变化的多样化需求，企业必须能在实时的需求信息下，快速组织生产资源，把产品送到用户手中，并提高产品的用户满意度。在激烈的市场竞争中，企业都感到一种资源饥渴的无奈，传统的单一企业竞争模式已经很难使企业在市场竞争中保持绝对的竞争优势。信息时代的到来，进一步加深了企业竞争的压力，信息资源的开放性打破了企业的界限，建立了一种超越企业界限的新的合作关系，为创造新的竞争优势提供了有利的条件。因此，供应链管理的出现迎合了这种趋势，顺应了新的竞争环境的需要，使企业从资源的约束中解放出来，创造新的竞争优势。供应链管理的实质是扩展企业，扩展企业的基本原理和思想体现在以下几方面：横向思维（战略联盟）；核心能力；资源扩展与共享；群件与工作流（团队管理）；竞争性合作；同步化运作；用户驱动等。这些特点不可避免地会影响物流环境。

供应链物流的特点是，客户物流是供应链物流的起点，核心企业是供应链物流的协调与管理中心，企业接口物流是供应链物流管理的利润源，现代信息与网络技术是供应链物流管理实现的基础前提，现代管理思想与方法是供应链物流管理实现的理论保证。供应链物流管理的目标就是，通过协调总成本最小化、客户服务最优化、总库存最少化、总周期时间最短化以及物流质量最优化等目标之间的冲突，以实现供应链绩效最大化。

传统物流管理表现为纵向一体化的物流系统；不稳定的供需关系，缺乏合作；资源的利用率低，没有充分利用企业的有用资源；信息的利用率低，没有共享有关的需求资源，需求信息扭曲现象严重。供应链管理环境的物流和传统的纵向一体化物流模型相比，信息的流量大大增加，需求信息和反馈信息不是逐级传递，而是网络式传递的，企业通过电子数据交换或互联网可以很快掌握供应链上不同环节的供求信息和市场信息。因此，在供应链环境下的物流系统包括需求信息、供应信息、共享信息三种信息，共享信息的增加对供应链管理是非常重要的。由于可以做到共享信息，供应链上任何节点的企业都能及时地掌握市场的需求信息和整个供应链的运行情况，每个环节的物流信息都能透明地与其他环节进行交流与共享，从而避免了需求信息的失真现象。同时，对物流网络规划能力的增强，反映了供应链管理环境下的物流特征，通过充分利用第三方物流系统、代理运输等多种形式的运输和交货手段，降低了库存的压力和安全库存水平，作业流程的快速重组能力极大地提高了物流系统的敏捷性。

供应链环境下的物流管理的特点可以概括为信息共享、过程同步、互利合作、敏捷准时、顾客满意。通过消除不增加价值的过程和时间，使供应链的物流系统进一步降低成本，为实现供应链的敏捷性、精细化运作提供了基础性保障。信息跟踪能力的提高，使供应链物流过程更加透明化，也为企业实时控制物流过程提供了条件。在传统的物流系统中，许多企业有能力跟踪企业内部的物流过程，但没有能力跟踪企业之外的物流过程，这是因为没有共享的信息系统和信息反馈机制。合作性与协调性是供应链管理的一个重要特点，但如果没有物流系统的无缝连接，运输的货物逾期未到，顾客的需要不能得到及时满足，采购的物资常常在途受阻，都会使供应链的合作性大打折扣。因此，无缝连接的供应链物流系统是使供应链获得协调运作的前提条件。灵活多样的物流服务，提高了用户的满意度，通过制造商和运输部门的实时信息交换，及时地把用户关于运输、包装和装卸方面的要求反馈给相关部门，提高了供应链管理系统对用户个性化响应的能力。

由于供应链构成的复杂性，要有效地实现供应链物流管理，必须将供应链各成员企业的订货处理、采购、制造、装配、库存控制、分销等看作一个整体流程，实现对供应商的供应商、供应商、制造商、分销商、零售商、客户以及客户的客户等整个供应链物流的集成化管理，才能创造整体竞争优势。

三、供应链的物流控制方法

（一）供应链杠杆控制

在扩展性供应链中，所有合作伙伴间的物流控制仅仅关注一些关键领域，有时候称为“供应链杠杆”。这些控制指标包括：需求分配、供应分配、材料报表和材料报表的分配、前置时间（订货至交货的时间）、补货水平、硬软件能力以及弹性协议。

需求分配是指从制定指导方针到分配业务给供应商的精确计划的完整过程。分配战略可能是非常具体的，指定经企业认可的供应商、制造商等。对于每个制造站点而言，联合可以是不同的，同时这种联合可能由于随时间变化的产品数量、优先权、业务百分比等进一步复杂化。管理需求分配允许制造商在原材料质量和价格方面有严格的控制和操作，使企业最终能利用由一个强势需求分配流程所赋予的弹性。

供应分配是关于指导方针或满足客户需求的严格计划与经济条件，与不能满足顾客需要的生产短缺紧密地联系在一起。供应分配通常是一个猜谜游戏，当供应链是纵向层次性时，有关供应的决策是盲目的，而不考虑产品所有者的最大利益。

对材料报表实行改变，或者改变材料报表在制造站点的使用，这两种做法对超额、过剩或者过时的库存都有一个立即的成本增加的影响。对材料报表的改变常常改善了产品的质量，或者通过替代部件或成套工具减少了原材料和生产的成本。

前置时间是指订货至交货的时间，即从第一个业务站点获得可用的原材料开始，到最后一个站点完成交货所用的所有时间。一般来说，花费在制造产品上的时间不超过前置时间的10%。

原材料消费和兼并战略日益快速地走向补货的各种形式，无论供应商管理库存和需求是怎样拉动的，即使只有很少的资本，企业仍然可以通过合作与兼并获得“想要即所得”的服务。企业与供应商的合作反映了市场条件和补货日程。补货战略对于组织扩张先进的制造流程，如设计测试同样重要，原材料消费战略有助于保证关键供应商的业务和减少流程，为获得原材料节约时间，而在服务企业客户需要方面团结供应商。

企业可以通过最小化库存来满足用户的需求，而需求承诺则取决于生产能力、生产周期、原料库存等。除了固定的生产能力外，管理人员还能积累额外的生产能力，即通过足够的前置时间、正确的业务机会等软件能力，允许合作伙伴在基于营运资本运作的前提下进行计划编制。供应链合作伙伴可以通过互相猜测双方的实力来完成资本承诺，这些投资主要致力于降低产品成本，否则供应链上游的需求难以被满足。

弹性协议也被理解成服务水平协议，是指在一段时间内提供给供应链上游和下游的灵活性。采取补充或者按订单生产模式的企业可以有限的营运资本投资，以获得灵活运作的利益。企业要达到较少甚至零库存的运作方式，要求有严格的预期管理。由于供应商时间上的外部变化比生产交货的时间还快，所以唯一的办法是建立富有弹性的供应链上下游企业间的协议。

（二）订货管理系统

计算机辅助订货是一个基于零售商的系统，当货架上的存货低于预定水平，或根据货物售点系统当产品销售量达到一定程度时，计算机辅助订货系统自动生成商店补货订单。在一个计算机辅助订货系统中，由扫描器采集销售数据，并储存在货物售点系统的数据库中，由相应的计算机软件根据这些数据自动计算出补货数量并生成订单，这些订单经核对后传到零售商配送中心或零售商总部。计算机辅助订货系统包含以下内容：商店的基本情况、实际销售与预期销售、安全库存水平、有效订货数量、准确的货架与库存水平以及影响需求的特殊因素（如季节变化）等。计算机辅助订货的运用使库存计算实现了自动化，发货数量和货架需要的数量相匹配使得补货程序简单化，订货至交货的时间被缩短使得货架上产品保持少量库存甚至零库存。零售商配送中心可以进入每个商店的货物售点系统数据库，为补货做出更好的计划。

生产订单管理系统专门处理零售商给供应商下的全部订单，生产订单管理系统的代表性应用是管理零售商配送中心的补货，它从产品、价格和促销数据库中取出有关商品的必要信息，降低了定价等信息的出错概率。检查完零售商配送中心的库存以后，生产订单管理系统通过电子数据交换订购单报文向供应商的执行系统发送订单，生产订单管理系统同时必须更新零售商应付款系统，以便为发票与订单进行比较提供必要的数据。

连续补货计划将传统的零售商制作订单的补货程序改变为供应商与零售商建立伙伴关系，供应商根据零售商库存量和销售数据决定其补货数量，其中的信息的交换通过电子数据进行。实施连续补货计划的目的是减少库存、改善服务、提高运输效率，以及为零售商节约人力。连续补货计划系统可直接由供应商或第三方服务提供支持。

（三）库存单元预测

在供应链的每个节点上分别预测每个库存单元的需求，因为准确的预测是高效准确补货的关键。高效补货是高效客户反应的四大要素之一，高效补货的目标是以高效的办法在最恰当的时间将恰当的产品提供到最恰当的地点。对于高效补货而言，库存单元预测的方法有以下几种。

①基本预测。这是一种短期补货预测，通常在每星期的第一天根据上星期的实际销售情况和预测来进行。

②日常监控。为应对消费者的日常需求的重大变化而进行监控，这对计算每日订货至关重要。

③季节因素。通过采用货物售点系统数据库的数据和预测模型等，将过去每周的销售数据集合起来，对季节的需求做出评估。制定补货计划时，要将外部输入的数据存储起来，以防不能利用过去的数据，通过应用统计学的方法克服需求变化所带来的困难。

④趋势分析。用过去的数据来确定销售的趋势与走向。

⑤市场调节。采用调节预测来对特殊的市场因素做出反应，如营销战略、新产品引进或营销技巧等。

⑥应对随机配销。按照预期的统计进行销售波动测试，如果销售超出了这些预测而反映出消费者对某一产品需求的非正常波动，则应将预测作为例外标记出来。

⑦评估。根据实际销售及其预期销售，对预测和调节进行评估。评估预测的准确性可提高将来的预测准确性。

（四）运输优化系统

运输优化系统包括对车辆与路线的规划和车辆载货的优化。由于连续补货计划的订单反映了运输的限制，通常从供应商的配销中心优化卡车的装载，卡车的满载导致其运输计划的简化。连续补货计划能够保证比较稳定的交货数量，从而使固定装载以及按预定时间交货相对简单。对于销售量较少的产品，为了达到卡车满载交货，而持有过多的产品库存，其库存成本超过了满载运输所带来的好处。对于这样的运输，位于相同地区不同零售商的零售商配送中心，通过与连续补货计划系统联合产生联合订单，以便进行满载送货，这种多重交货方式仅比单一交货方式稍微贵一点，但避免了零售商配送中心过多的库存。对于单一的连续补货计划订单，这样的交货组织只需要指派一个单一的运输车队，并告知运输要求即可。车辆的满载优化是围绕订单订货的多少准备车辆，使其载货和运输最优化，广泛应用于连续补货计划和零售商购货的生产订单管理。对于车辆的载货优化，首先要计算基本的订单数量，基本订单数量是补充安全库存以及提供足够数量的产品来满足订货、交货期间的产品需求，它通过连续补货计划和生产订单管理系统的预测模型来进行估算，并调整以满足一定的服务水平。在得到基本订购数量之后，由连续补货计划或生产订单管理系统确定订单在最大订货量和最小订货量之间的位置。决定每种产品和全部产品的送货数量可通过以下步骤。

①物流单元。一种产品的基本订购量可以用消费单元或贸易单元按供应商与零售商的协议计算得出，并按特殊的物流单元、包装箱、托盘来进行补货。不同的产品可用不同的物流单元交货，而不同的场所可能需要不同的物流单元。

②卡车装运。在获得基本订货量并确定了相应的物流单元之后，可根据最大重量、最大体积或者根据库存脱销风险以及需要优先运输的特殊产品来确定卡车的装货量。装货的标准能反应制造商和零售商的物流环境，不能修改制造商的运货场所、零售商的收货地以及卡车装货参数。

③卡车装载。按照优化装载次序，为每种产品分配一个装载次序号码，使所有相同类型的产品聚集在一起。产品的种类可根据物流要求来区分，如液体和固体产品、轻型和重型产品或每个托盘的层数。由于连续补货计划或生产订单管理是动态的，所以允许在复查期间对建议的订单进行修改，设计的装送优化程序将在订单认可之前模拟执行一遍。

另外，通过式运输是一个有效的配销系统，其中仓库和配销中心接收货物不是用于储存，而是马上配给到零售商店。通过式运输要求入库和出库的各项活动高度统一，通过消除放置、储存和取货的环节，从而降低分销成本，如托盘式通过式运输将所有托盘直接送到出口，与其他供应商运货车上类似的托盘集合在一起，不需要再做处理。托盘是根据商店订单预先挑选的、由多个供应商的产品组成。

（五）供应商执行系统

供应商在接到订单之后，其执行系统随后就实施补货，执行的要素包括订单登录系统（登录、确认并编辑订单）、按订单分配产品、组织提货和交货、生成提货和交货文件、将被处理的订单传送到库存管理系统、开始处理账单等。供应商执行系统根据不同的工作方式而有所不同。

在传统的系统中，进货订单是成批的，将全部需求与现有的产品数量进行比较，如果没有足够的库存就采用配给系统按消费者优先的次序分配现有产品，即通过优先次序来代替先进先出的原则，但忽略了零售商配送中心的库存，这意味着按批量检查现有的产品使得在供应链中造成订货至交货时间的延长，导致不能完成所有的订单。相反，以连续补货计划方式生产的订单可以进行在线的产品稽查，如果产品的可获性差，则连续补货计划的零售商应优先获得，否则可选择一个可替换的产品，目的是优化库存分配，从而使零售商配送中心的库存缺货的可能性降到最低。同时，供应商执行系统不对产品成批的可获性进行检查，因此缩短了补货过程中的订货至交货的时间，只需要以较少的管理工作来对延期订单进行跟踪，以及对不完全交货的发票进行修改，减少了重复操作，使得交付给零售商的订单及发票及时、完整、正确。

（六）零售商管理系统

零售商管理系统包括连续补货计划与货物售点集成式系统、货物售点系统扫描以及货物售点系统数据库。

连续补货计划与货物售点集成式系统消除了商店的订单，商店将销售与存货清单数据通过电子数据交换传送给连续补货计划，由零售商配送中心系统决定下一次给商店发货的内容。通常，商店对各种产品的日常需求变化巨大，订货至交货时间受生产周期、距离远近等因素的影响较大，而通过零售商配送中心管理的连续补货计划与货物售点集成式系统能够做到在零售商配送中心与商店之间有效地组织产品的流动，使得及时补货与销售率紧密联系在一起。当每日的销售量成为订货的基础时，连续补货计划与货物售点集成式系统可以促使快速订货，缩短订货至交货的时间，更好地管理商店再订货，更好地利用商店的送货车辆，以及减少零售商配送中心订货数量的变化。

通过货物售点系统扫描，准确对EAN码进行扫描，可以获得准确的销售数据。消费者的行为通过扫描器在货物售点系统数据中反映出来，该数据将长久地保存在商店的货物售点系统数据库中，该数据库并与零售促销记录相结合，以便记录以往促销数据的波动。货物售点系统数据库可用于有效补货系统中，可以预测未来销售、制作建议订单以及判断补货效果。货物售点系统数据库有三种形式，包括本周记录、每周记录以及全部记录。

本周记录记录了当前最新的信息，提供需要补货的关键信息，显示本周内每日产品的销售进展情况，记录本周的销售预测、安全存货等级和已脱销产品等。

每周记录除了包括与本周记录相似的信息外，并以星期为单位进行分析，显示某种产品进货后每周的销售情况，以帮助企业进行销售预测和决定是否订货。

全部记录除包括所有其他已有的记录外，还包括最初的预测、缓冲库存以及由连续补货计划产生的一周内每天的订单数量，这对单个产品是有用的，但对性能分析和未来补货调整没有价值。

一般来说，商店管理系统包括空间管理系统、进店包装服务以及待上架商品准备服务。传统的货架空间与商店布局的管理是由商店的经营者根据一系列的变化因素制定的，而空间管理系统将货物售点系统数据库与产品、价格和促销数据库，以及自动管理货架空间集合在一起，通过基于活动成本的模型为零售商计算每种商品的操作成本，以及管理货架空间，使其每平方米收益最大化。

进店包装服务是帮助客户减少配送处理成本的做法，制造商根据客户的包装说明，按照零售商的需要加工配送包装和运输包装，并且可以针对确定的货架进行货物包装。

待上架商品准备服务是指制造商在运输货物之前所进行的商品包装和标签标记活动。根据这些说明书，货物无须重新包装就可以完成在供应链中的流通，使用户可以减少或消除再包装和标签重复制作的费用。

（七）仓库管理系统

零售商配送中心的仓库管理系统是所有配销活动的关键，它能保证商品的进出和库存水平。所有挑选、包装和装运过程都要做到使零售商配送中心的服务水平和效率最高，并且支持高效补货技术，如包装箱及托盘的通过式运输和卷型笼排序。卷型笼排序是一项优化商店的操作过程，可以确保零售商配送中心的卷型笼是按照在商店过道的放置次序进行装货，卷型笼会将同一产品组的产品按照先卸先装的原则放置在一起，但使得易碎产品的操作复杂化。卷型笼排序的实施是通过计算机系统决定卷型笼中哪个位置放置哪些产品，将重的放在卷型笼的底部，较轻的放在上部，而且同一或相关项目的订货放在同一个卷型笼，即使有些空间未被利用。

盘存系统应保持商品项目的目标存货水平，必须反映所有产品的物理移动、销售及交货等。定期盘存系统可以显示货架上每种产品每天的存货数量，通过手工操作采集货架边缘的条码和用便携式扫描仪进行扫描，或者根据商店的进出产品流，将每个库存单元的交货数量与前一天的存货相加，再减去已销售的数量，以计算存货数量。定期盘存系统一般以天为单位计算商店的存货。

实时盘存系统是与货物售点扫描系统和商店的电子收货系统整合为一体，实时更新货架存货，保证商店的每种商品保持在一个基本数量上，使得商店的货架存货维持一个定值，它可以通过柜台销售数据和商品的接收数据计算得出，并要求这两个数据的输入必须准确。由于货物售点扫描系统和商店的电子收货系统很难做到百分之百准确，并且商店的电子收货系统不能记录亏损，所以需要一个定期的循环计算程序来支持实时盘存系统，这样可以发现所记录的数据差错或亏损等问题。

商店和仓库都可以建立电子收货系统，要求包装箱必须有条码。商店的电子收货系统专门记录所有的进货情况，它采用电子化方式处理所有的接收信息。通过采用仓库电子收货系统，当货车到达零售商配送中心时，用便携式扫描仪扫描托盘或包装箱上的条码，使所有信息进入仓库管理系统，并与订单进行比较和电子核对。通过建立相互信任后，仓库的电子收货系统可由预先装运通知来替代，预先装运通知是供应商预先发出的对装运货物的详细描述。电子收货系统使产品能够快速登记，与传统收货过程所需的时间相比大大缩短，并且信息无须重新键入，使得仓库管理的效率提高。

参考文献

[1] 王忠伟，庞燕．供应链管理 [M]．北京：中国物资出版社，2009.

[2] 吴彩霞．供应链管理与企业核心竞争力 [M]. 北京：中国轻工业出版社，2007.

[3] 吴登丰．供应链管理 [M]．北京：电子工业出版社，2007.

[4] 徐剑，周晓晔，李贵华．物流与供应链管理 [M]. 北京：国防工业出版社，2006.

[5] 阎子刚，赵继新．供应链管理 [M]．2 版．北京：机械工业出版社，2011.

[6] 杨国荣．供应链管理 [M]．北京：北京理工大学出版社，2007.

[7] 翟光明．采购与供应商管理 [M]．北京：中国物资出版社，2009.

[8] 赵林度．供应链与物流管理理论与实务 [M]．北京：机械工业出版社，2003.

[9] 郑力，厉嘉玲．供应链管理 [M]．北京：中央广播电视大学出版社，2006.

[10] 马士华，林勇，等．供应链管理 [M]．5 版．北京：机械工业出版社，2016.

[11] 齐二石，刘亮．物流与供应链管理 [M]．北京：电子工业出版社，2007.

[12] 施先亮，王耀球．供应链管理 [M]．3 版．北京：机械工业出版社，2016.

[13] 孙元欣．供应链管理原理 [M]．上海：上海财经大学出版社，2003.

[14] 谈慧．物流信息管理 [M]．3 版．大连：大连理工大学出版社，2014.

[15] 王国华．供应链管理 [M]．北京：国防工业出版社，2005.